Comment écrire une nouvelle dans les règles de l'art ?

ISBN : 979-10-94256-34-3 – dépôt légal à parution
© L'esprit livre éditions – mai 2020 –
Tous droits réservés pour tous pays.
Crédit photo : Visualhunt
37, rue des Quintus, 86190 Quinçay France.
https://www.esprit-livre.com

Comment écrire une nouvelle

Dans les règles de l'art ?

Guide pratique

Jocelyne et Frédéric Barbas

DANGER
LE
PHOTOCOPILLAGE
TUE LE LIVRE

Remerciements

A tous les auteurs qui nous ont fait confiance et se sont formés avec L'esprit livre school.

À Marie Taieb, écrivain public (auteure que nous avons formée) pour sa lecture attentive.

À Alain Roels, journaliste et écrivain intervenant dans nos formations à distance (L'esprit livre school) pour sa lecture enthousiaste.

Avant-propos

Ce guide pratique présente les règles indispensables pour concevoir et rédiger des nouvelles. Il n'est pas exhaustif. Une telle entreprise serait d'ailleurs irréalisable, tant la créativité des écrivains au fil des siècles est considérable. Il s'agit donc de fondamentaux.

Les notions développées dans cet ouvrage sont intégrées aux formations dispensées par *L'esprit livre.* Nous nous sommes efforcés d'apporter des réponses simples, illustrées et concrètes afin de faciliter leurs apprentissages.

Si ce guide est un premier outil d'autoformation, il ne remplace pas la formation. L'assimilation de ces règles nécessite en effet un entraînement régulier en se confrontant à la critique de lecteurs exigeants et une réelle volonté de parvenir à des textes éditables. Le chemin est long de l'information à la maîtrise d'un savoir-faire. Encore faut-il écrire, lire pour nourrir son esprit, apprendre à déceler ses faiblesses en montrant ses textes à des experts capables de vous expliquer vos erreurs et vous guider.

Apprendre, c'est aussi se faire accompagner pour transformer vos mauvaises habitudes en de nouvelles aptitudes. C'est pourquoi l'échange de pratiques reste si important dans nos formations. Chaque écrivain de notre équipe éducative montre à l'auteur qu'il accompagne comment il travaille ses textes. Ces échanges entretiennent aussi la motivation indispensable pour accomplir des progrès et retirer du plaisir.

N'en déplaise aux esprits chagrins, la formation ne formate pas le talent : elle le libère des certitudes poussiéreuses du don et du fantasme du génie sans effort. L'apprentissage a toujours favorisé l'épanouissement personnel et ouvre les esprits à de nouvelles expérimentations et ainsi à une créativité régénérée.

Jocelyne Barbas
Fondatrice de L'esprit livre

Les auteurs

Frédéric Barbas a corrigé des milliers de nouvelles pour le compte de L'esprit livre, organisme de formation créé par son épouse, Jocelyne Barbas. Correcteur d'édition, grand lecteur, nouvelliste, il s'apprête à publier son premier recueil de nouvelles, longuement mûri au fil des années.

Jocelyne Barbas, a rédigé divers ouvrages de commande afin de se consacrer à la conception de formations d'écrivains en ligne. Ce guide fait partie des documents remis aux auteurs lorsqu'ils débutent leur formation professionnelle.

Faciliter l'accessibilité au métier d'écrivain passe inévitable par la formation des auteurs. Visitez notre site d'e-learning L'esprit livre school : https://esprit-livre.school

L'esprit livre est un organisme de formation à distance spécialisé dans la formation des écrivains. Implanté près de Poitiers, il s'adresse à tous les auteurs francophones à la fois dans une démarche personnelle et professionnelle.

Conçues par et pour des écrivains, ces formations visent l'acquisition de compétences rédactionnelles. Tous les cursus incluent un entraînement régulier pour assimiler les procédés d'écriture, développer un esprit critique, une culture afin de parvenir à des textes aboutis et originaux.

L'accompagnement des auteurs est réalisé par des écrivains professionnels. Ceux-ci utilisent le questionnement et la suggestion en vue de faciliter l'émergence d'une écriture personnelle. Ils partagent leur savoir-faire dans le domaine de la correction éditoriale afin que chaque parcours puisse déboucher sur une publication.

Les outils de formation sont complets : une plate forme d'e-learning, des cours et des consignes d'écriture conçus par des écrivains, un atelier d'écriture en ligne, une bibliothèque de ressources numériques, deux webinaires par mois, une assistance en ligne par tickets, un blog personnel WordPress et un réseau social d'auteurs.

Spécificités

- Un organisme de formation 100 % à distance et à taille humaine.
- Des formations individualisées qui s'adaptent au niveau de l'auteur et à son projet personnel
- Une pédagogie collaborative, positive et bienveillante
- Des consignes d'écriture originales qui facilitent l'écriture, l'assimilation des procédés d'écrivain et le dépassement des difficultés techniques
- L'auteur est associé à la correction de ses textes et dispose d'un espace d'entraînement en ligne.
- L'utilisation des outils numériques en formation aide les auteurs à développer leur lectorat et pérenniser leurs activités professionnelles
- Un blog WordPress personnel et sa formation dédiée sont offerts (12 cours pdf ainsi que 12 webinaires) afin d'apprendre à promouvoir ses textes.

En savoir plus

- Découvrez nos formations :
  https://esprit-livre.com/toutes_les_formations.html
- Consultez le catalogue en ligne selon vos priorités :
  https://catalogue.esprit-livre.com
- Notre pédagogie : https://esprit-livre.school/comment-ca-marche

- Les auteurs publiés à la suite de leur formation :
  https://esprit-livre.school/publications-de-nos-stagiaires

- Le recueil annuel des meilleurs nouvelles : 6000 espaces compris : https://esprit-livre.school/6000-signes-espaces-compris-recueil-de-nouvelles

« Une bonne nouvelle s'articule autour de moments si grands, si bouleversants, qu'il semble que quiconque ne les ait jamais saisis. » Francis Scott Fitzgerald

« La nouvelle est un genre mineur, car elle va au fond des choses ! » Frédéric Barbas

Sommaire

Partie 1

Les règles de l'art : les techniques d'écriture de la nouvelle

Partie 2

Échanges d'expériences

Partie 1

Les règles de l'art : les techniques d'écriture de la nouvelle

Pourquoi écrire des nouvelles ?

Les bonnes raisons ne manquent pas pour se motiver. Nous vous en avons sélectionné quelques-unes.

Décuplez votre motivation

Écrire requiert bien des qualités : la rigueur, le sens critique, une composition soignée de son texte, une recherche stylistique, de l'énergie, de la constance et de la persévérance. La satisfaction de parvenir plus vite à un texte fini incite à renouveler ce plaisir et donc à écrire régulièrement. L'entraînement est souvent le secret du talent. Songez aux sportifs de haut niveau, aux concertistes… « L'excellence est un art que l'on n'atteint que par l'exercice constant. Nous sommes ce que nous faisons de manière répétée. L'excellence n'est donc pas une action, mais une habitude. » selon Aristote

Écrivez avec efficacité

Écrire une nouvelle empêche de se disperser : peu de personnages, une intrigue unique, peu de décors, des dialogues courts, un développement inédit d'une histoire étonnante. Vous ne vous perdrez pas dans des intrigues secondaires. Vous ne vous laisserez pas mener par le bout du nez par vos personnages que vous trouvez au demeurant sympathiques. Cet exercice de style vous incite à saisir l'essentiel de votre histoire.

Apprenez à écrire pour un lecteur

La première règle d'écriture est la brièveté. Un maximum de sens avec un minimum de mots. C'est ainsi que vous séduirez votre lecteur. Oubliez les écrits où vous déchargiez peut-être vos émotions et vos idées. Sélectionnez plutôt ce que vous avez à dire de différent sur le sujet que vous choisissez. Il est préférable d'offrir cinq minutes de lecture avec des nouvelles de 6000 signes espaces compris que de ne pas être lu du tout avec un roman de 500 pages. Le lecteur redoute plus que tout d'avoir à fournir des efforts pour avoir du plaisir à lire. N'oubliez pas que la concurrence est vive et l'offre de lecture pléthorique. Il est plus facile à un lecteur de prendre un autre ouvrage que de se demander ce que vous voulez dire.

Préférez cet exercice créatif

« La nouvelle est donc aussi un exercice créatif pour l'écrivain amateur ou confirmé, un champ d'expérimentation narratif et stylistique, un espace de pratique de l'ensemble des techniques de la construction d'une histoire quel que soit son genre (fantastique, policier, science-fiction…). La nouvelle permet parfois à l'auteur d'évaluer ses idées avant d'entreprendre des constructions d'intrigues plus sophistiquées pour un roman par exemple. » Monbestseller.com - https://www.monbestseller.com/

Ouvragez vos textes

« Le plaisir d'écrire des nouvelles, c'est d'explorer la diversité de ses images, s'aventurer sur de multiples chemins, ne pas épuiser les thèmes ni les personnages, mais s'efforcer de les cerner, de les saisir, en moments essentiels et cruciaux. » Andrée Chédid, Mondes Miroirs Magies, nouvelles.

Formez-vous au métier d'écrivain

Les exigences de sujet, de structure de l'histoire, de la vivacité de son déroulement et de la fulgurance du style contribuent au développement des compétences d'auteurs. Disposant de tels savoir-faire, il devient plus facile de passer de cette forme de « roman court » à un roman plus long. Vouloir écrire tout de suite un roman est une grossière erreur. De nombreux écrivains, devenus aujourd'hui des classiques, ont commencé par écrire des nouvelles. Hervé Bazin considère la nouvelle comme essentielle pour devenir écrivain : « Je tiens la nouvelle pour la meilleure école d'écriture. »

Publiez plus vite

Proposez vos textes à des concours de nouvelles ou à des éditeurs en quête d'auteurs pour constituer une anthologie. Alimentez votre blog afin de conquérir vos premiers lecteurs et vous faire remarquer.

Une littérature pour des lecteurs occupés

La lecture de nouvelles est particulièrement adaptée à nos rythmes de vie qui s'accélèrent, au temps de lecture que l'on peut s'octroyer chaque jour. De plus en plus, la lecture s'effectue sur des téléphones portables avec des formats courts susceptibles d'être lus durant un trajet.

Connaissance du genre

La notion de genre littéraire

Le genre désigne une forme littéraire ainsi que les règles de composition et d'écriture qui lui sont rattachées. Il définit des catégories d'œuvres littéraires. Un genre se compose d'une appellation (le nom du genre : la nouvelle, le roman, le théâtre, la poésie…), d'une forme du discours et d'un registre.

La forme du discours reflète l'intention de celui qui parle ou écrit, intention qui caractérise l'objectif du texte et son contenu :

- *Narratif* : il raconte des événements réels ou imaginaires
- *Descriptif* : il nomme et caractérise un lieu, un objet, une personne
- *Explicatif* : il explique des faits
- *Injonctif* : il fait agir le destinataire, souvent sous la forme d'ordre
- *Argumentatif* : il convainc son interlocuteur avec des arguments, des raisonnements, des exemples, des preuves

Le registre, appelé aussi la tonalité d'un écrit, désigne l'effet produit sur le destinataire, en suscitant des réactions, des sentiments, des émotions :

- *Comique* : faire sourire, rire, amuser
- *Tragique* : souffrance et déchirement moral

• *Pathétique* : pitié et compassion
• *Lyrique* : expression des sentiments intimes de l'auteur : la joie, l'enthousiasme, la nostalgie, la mélancolie, l'amour…
• *Épique* : célébration des prouesses et exploits accomplis par le héros visant à créer l'admiration, l'étonnement, l'effroi
• *Ironique* : critique, raillerie, affirmation du contraire de ce que l'on pense. Elle s'accompagne d'un sentiment de complicité avec le destinataire
• *Satirique* : rire, moquerie, caricature
• *Polémique* : rire, moquerie, caricature, argumentation agressive en vue de persuader. Crée un sentiment d'indignation et de révolte.

Ces catégorisations aident les lecteurs à se repérer dans la production littéraire et à faire ses choix. Il est donc tout à fait conseillé aux auteurs d'écrire en fonction de ces genres et de ces règles pour ne pas désorienter le lecteur et le faire fuir.

Plus encore, si vous souhaitez créer des effets dans l'esprit de votre lecteur, la maîtrise des règles d'un genre vous permettra d'y parvenir et de créer des émotions. Impossible donc d'occulter la phase d'apprentissage avant de se lancer dans l'écriture d'une nouvelle !

Qu'est-ce qu'une nouvelle ?

La nouvelle est un récit

Tout comme le roman, le roman-feuilleton, les récits de voyage, le conte… la nouvelle est un récit. Ne sous-estimez pas ce genre en le qualifiant « d'historiettes ». Prenez la mesure de l'importance de ces histoires et de leur utilité auprès de lecteurs. Ne perdez pas de vue non plus que le premier lecteur, c'est vous-même ! Boris Cyrulnik écrit à ce sujet :

« Le récit est un travail d'identification à soi. Enfin dire qui l'on est, ce qui nous est arrivé, ce qu'on a pensé et ce qu'on a senti, cela provoque toujours un très fort retour d'émotion qu'il va falloir maîtriser malgré tout à l'intention de l'autre. Le récit constitue un travail total de maîtrise des émotions, de recherche d'identité, d'articulation de la pensée et de relation à l'autre. Ce n'est pas rien. Et s'y ajoute encore un immense effet tranquillisant : « Mon angoisse s'en va si ma fille me parle. Mais si c'est moi qui parle, mon angoisse part encore plus vite... »

Les histoires font partie de notre culture, du patrimoine de l'humanité. Nouvelliste, ne vous dévalorisez jamais face à un romancier. La nouvelle, elle a tout d'une grande !

Un bon récit relate un fait inhabituel, remarquable, intriguant. On parle alors de situation, d'incident, de rebondissement, d'aventure…

Un récit peut prendre diverses formes : un exposé, un rapport d'incident, une légende, un conte, une fable, une anecdote, une chronique historique, une chanson... Par extension, un récit n'a pas de forme littéraire clairement identifiée : un conte, une nouvelle dont l'écriture ne fait pas apparaître clairement les règles du genre seront appelés, par courtoisie, « récit ».

Le récit suppose une manière de raconter : il suffit de construire un énoncé de manière indirecte pour qu'il devienne un récit : il a fait ceci... ou cela. Cette action s'appelle : narrer, raconter, rapporter. Le récit peut s'envisager aussi de manière directe : j'ai fait ceci, ou cela... Enfin, celui qui raconte l'histoire n'est pas forcément le héros du récit. Une bonne histoire nécessite d'être bien menée, avec rythme et éloquence, et donc d'élaborer des stratégies pour capter et garder l'intérêt de son lecteur : la révélation, la surprise, l'inattendu, le suspense, le coup de théâtre… sont autant de procédés susceptibles de capter l'attention.

Un récit est porteur de sens, d'une vision du monde, d'une conviction, d'un regard sur l'humanité qui procure aux lecteurs une expérience existentielle. Sans cette signification, le lecteur aura le sentiment d'avoir perdu son temps, que l'histoire ne rime à rien et n'a aucune utilité.

Lorsque le récit désigne une nouvelle, diverses précisions sont à prendre en compte. Ce « récit généralement bref, de construction dramatique », selon Le Petit Robert, a connu au cours du temps diverses formes, hésitant entre le conte, le roman court, le récit « d'un événement inouï qui a eu lieu » (Goethe), une littérature d'étonnement, ou encore « une histoire que l'on raconte bien » dans la culture japonaise. Sa forme imprécise la rend insaisissable pour les théoriciens qui aimeraient en fixer ses règles de composition. Elle peut utiliser tous les genres littéraires et les combiner entre eux : sentimental, autobiographie, polar, science-fiction, etc. On dit d'elle qu'elle est l'art de la brièveté, de l'ellipse, du découpage, de la chute, du tableau. « La nouvelle est à la littérature ce que le clip est au cinéma. » La Nouvelle, association française des enseignants de français, N° 97.

Enfin, la nouvelle acquiert une dimension littéraire si elle répond aux critères présentés dans cette définition. « Oeuvre littéraire où l'on narre une action entièrement ou partiellement imaginaire, dont la fin est de causer au lecteur un plaisir esthétique en décrivant ou dépeignant des événements ou actions intéressantes ainsi que des caractères, des passions, des mœurs. » *Dictionnaire de l'Académie royale espagnole, citée dans le Dictionnaire des genres et des notions littéraires, Encyclopédie Universalis*, Ed. Albin Michel. On dit d'elle qu'elle est l'art de la brièveté, de l'ellipse, du découpage, de la chute, du tableau. « La nouvelle est à la littérature ce que le clip est au cinéma », *La Nouvelle, association française des enseignants de français* N° 97.

On distingue principalement deux types de nouvelles : la nouvelle instant, la nouvelle "à chute", présentées ci-après. Il en existe bien d'autres mais ce sujet mériterait à lui seul un nouveau guide.

La nouvelle instant ou la tranche de vie

La nouvelle *tranche de vie,* ou histoire brève, « semble être faite de rien, sinon d'un instant, d'un geste, d'une lueur qu'elle isole, dégage et révèle, qu'elle emplit de sens et de pathétique. » Marcel Arland, cité par René Godenne, *La nouvelle française des origines à nos jours.* On parle aussi de fragment.

La nouvelle à chute

Le récit se développe à partir d'une structure réfléchie. L'intrigue pose un problème, porte en elle une crise et tend vers une résolution heureuse ou malheureuse.

Une histoire se compose d'une exposition : le héros est présenté en action, l'enjeu d'une difficulté est posé puis développé jusqu'à son paroxysme (le nœud de l'histoire). Le dénouement est mené sur les chapeaux de roues : « C'est ce que l'on appelle des histoires à chute parce que c'est seulement dans la dernière phrase, voire dans le dernier mot que le sens véritable de l'histoire se révèle de manière soudaine, tandis que le sens précédent se retourne parfois comme un gant, laissant le lecteur médusé. » Élisabeth Vonarburg, *Comment écrire des histoires, le guide de l'explorateur*, Ed. La Lignée (Québec). La chute est une secousse psychologique : « le choc de la finale repose sur l'inattendu le plus frappant. » Alain Godenne, *La nouvelle de A à Z*, Ed. Rhubarbe

Travailler l'intrigue, c'est couper le superflu, comploter des effets de stupeur, imaginer des retournements de situation, dévoiler le pot aux roses… L'histoire se noue et se dénoue en une suite d'événements organisés en fonction des réactions supposées d'un lecteur. Le mécanisme narratif élaboré, l'auteur cherche à produire des effets sur son lecteur le plus rapidement possible (surprise, effroi, attente anxieuse, révélation…). Une fois la structure posée, la formulation reste à peaufiner afin d'amplifier ces effets.

Ce que disent les nouvellistes au sujet de la nouvelle

« La nouvelle est peut-être la forme de récit la plus libre, la plus intense et la plus imprévisible. C'est aussi un format exigeant qui ne supporte ni banalité ni superflu. Une nouvelle, c'est une histoire originale, une idée innovante, un récit où chaque mot doit être à sa place. C'est l'acte d'un auteur généreux qui travaille avec passion et persévérance pour offrir à son lecteur un éclat de rire, une larme, un frisson d'effroi, un « Oh ! » de surprise. C'est ce qui fait mon plaisir et ce que je souhaite partager avec vous sur ce blog. » L'anthologiste

« La nouvelle est faite pour être lue en une seule fois. » André Gide. Cette caractéristique nécessite donc que l'auteur soit concis, fasse évoluer rapidement son récit, recherche la fulgurance et le saisissement des effets.

« La nouvelle n'est en rien – comme l'a prétendu un romancier, qui n'en n'écrivait pas – « un récit pour souffle court ». La concision, la densité, l'équilibre, la langue qu'elle réclame en font un genre exigeant. On peut faiblir sur 1000 mètres et se reprendre. Sur 100 mètres, non. En face du roman, la nouvelle est dans le même cas : elle n'a pas le droit à l'erreur.

Est-ce donc la distance et la rapidité qui la caractérisent ? Voire ! Les limites sont floues. Ses formes et intentions, également. Je dirais plutôt que, si le roman se déroule dans le temps (c'est même son problème majeur), la nouvelle s'occupe d'un arrêt dans le temps » où quelque chose se passe ». (…) Je tiens la nouvelle pour la meilleure école d'écriture. » Hervé Bazin

« La nouvelle exige une préparation lointaine et profonde, un sens aigu de l'observation, une perfection de style qui ne laisse rien d'inachevé. » Hervé Bazin

« À temps précipité, lecture brève. La nouvelle devrait donc convenir à notre époque. C'est ce que l'on dit. Je ne suis pas persuadé que cela soit vrai. En fait les textes courts exigent une lecture longue. La naïveté ne convient pas à une écriture de la densité. D'abord parce que le jeu est toujours savant, qui veut produire le plus avec le moins. Et aussi parce que la nouvelle par définition, s'arrête toujours *avant* : elle est une fabrique d'insatisfaction.

Lire une nouvelle réclame donc du temps. Pour bien la déguster, il faut laisser reposer. De là le problème majeur des nouvelles : comment passer d'un texte à l'autre. Voilà justement ce qui m'intéresse. Ce passage. Ce silence qui relie les textes. Là où se nouent leurs rapports, dans un jeu d'échos, de brisures, de poursuites, de ruptures, de toute les (dis)continuités enfin que permet la contiguïté.

J'écris donc des « romans-par-nouvelles ». Chaque texte constitue une nouvelle autonome, qui peut vivre seule, et leur réunion forme pourtant un ensemble : à cause d'un thème commun (une existence, un quartier, deux personnages...), et, plus encore, à cause des rapports que j'essaie de composer entre les textes en jouant sur les rythmes, les oppositions, les accords et les surprises. Il s'agit en somme d'un collage. » Jean-Noël Blanc

« La nouvelle est une sorte de roman mis au régime et ramenée à son principe actif. » René Bonnel

« La pratique du texte court par un écrivain me paraît indéniablement recouvrir chez lui un profond, un fondamental souci d'essentialité – c'est-à-dire qu'en pareil cas, l'esprit se tourne d'emblée, et comme malgré lui, vers des pôles principaux du thème choisi : afin, d'une part de l'aborder directement, de l'autre, de le traiter avec une certaine rapidité, une certaine nervosité interne que constituent non seulement l'apparence de « ramassé » du texte, mais encore sa rigueur ; le travail en quelque sorte ainsi dépouillé de l'effort narratif, dont on peut alors s'apercevoir qu'il est bien souvent comme une surcharge démonstrative, dont l'axe de l'objectif sait sans souffrir se dispenser ; tout au contraire, me semble-t-il : en art, le choix est à la réduction expansive, soit à la puissance lyrique, qui est descriptif sublimé. » Louis Calaferte

« La nouvelle : un exercice cruel de contraction de vie. » Philippe Chardin

« Mon esthétique de la nouvelle, s'il y en a une, vient de mon apprentissage de l'écriture. À vingt-deux ans, je suis entré à Europe 1 comme rédacteur-concepteur de messages publicitaires radio : j'avais quatre-vingt-dix mots pour vendre n'importe quoi. Cette école terrible d'efficacité m'a inculqué un rythme, une rapidité, une violence dont je ne me suis jamais départi. Je me méfie des effets poétiques, des envols, des paresses et dont se pare le sentiment du beau chez bon nombre d'écrivains. Je penche vers l'humour, la férocité, le style, bref la justesse. Une nouvelle est pour moi un trait d'esprit, un mouvement d'humeur : elle traduit toujours la réalité désespérante et hargneuse du monde et ce pari que nous faisons d'y être pourtant heureux. Le désir la traverse, la chute est l'orgasme, c'est une aventure amoureuse, toujours. Le sexe et l'écriture me rendent également vivant et, osons le mot, beau. » Philippe Cousin.

« Peaufiner un court texte, le rendre rond, plein, définitif en quelques pages, est une grande jouissance et demande un grand art. Une nouvelle, c'est comme une miniature, il y faut un soin, une attention soutenue, ne pas se laisser distraire par le détail, l'anecdote, aller droit au but tout en donnant une impression d'aboutissement, que ce que l'on a à dire ne pouvait être dit autrement.

Il arrive que l'on sente qu'une nouvelle est bancale et qu'on ne trouve pas le moyen de la redresser. Il faut dans ce cas-là, la laisser dormir, la reprendre plus tard avec un œil neuf. Si l'on n'est pas satisfait, il vaut mieux la mettre au panier… » Régine Deforges

« Une fiction dramatisée à charpente classique : situation, péripéties, dénouement. Travail d'artisan, technique. Avec des élans spontanés vers le mystère, le fantastique, l'humour plutôt noir et grinçant, le non-dit souriant et cruel. J'affectionne les chutes, celles qui font rebondir, celles qui enfoncent. J'aime le quotidien à la dérive. J'ai du respect pour la règle du jeu, qu'elle soit mienne ou celle d'un commanditaire. Je sais bien déguiser l'essentiel de la vie dans des apparences de divertissement. Il y a toujours un secret caché quelque part. Ce que j'aimerais arriver à faire (et parfois j'y arrive peut-être) : travailler au plus près du point d'impact, là où la situation est tellement tendue que la déflagration est imminente. La réussite est de travailler sur une toute petite dose de poudre et d'obtenir la plus grande décharge d'énergie possible. Le petit chemin de la nouvelle ouvre alors de grands espaces émotionnels et dramatiques. » Alain Demouzon

« Surprendre le lecteur, voilà l'objectif, lui arracher un sourire ou une grimace, comme on pourrait lui soutirer son portefeuille en le menaçant d'un couteau. Pour cela, il s'agit de soigner la chute, d'écrire, comme le demandait Poe, l'histoire en fonction de la dernière ligne. La difficulté naît de ce que le passant se méfie désormais de celui qui l'accoste. Aussi faut-il se faire bonimenteur, séduire la foule. Ensuite, il est bien plus facile de frapper. » Jean-Christophe Duchon-Doris

« La nouvelle, roman dépouillé du roman, exige de l'écrivain l'essentiel. Faire un destin d'une anecdote, un pur diamant des forêts carbonifères du subconscient et digérer en quelques pages la manne et le désert ! » Hubert Haddad

« Les gens qui la travaillent se recrutent parmi les contenus de l'effusion, les ciseleurs de phrases, à l'occasion parmi les marathoniens du roman qui trouvent dans la nouvelle l'occasion de s'offrir quelques virées en roue libre, sans forcer, à la pépère. (...) La nouvelle se montre très coopérative avec le nouvelliste. Celui-ci peut lui faire prendre toutes les formes narratives qu'il veut, épouser tous les genres. Il me semble que la nouvelle est bonne pour son géniteur – qui peut n'en faire qu'à sa tête. Au point que s'il en a l'envie, la fantaisie, la pulsion, il peut, au sein de la nouvelle, tordre le cou à l'écriture, saccager la logique, se dépatouiller des contraintes – inventer. *Inventer*. La nouvelle est si plastique qu'elle étonne même celui qui la manipule ; et, quand la récolte s'annonce bonne, quel plaisir de malaxer la pâte. » Georges Kolebka

« La nouvelle, c'est la guérilla ; non seulement contre les genres institués et dominants qui forcent le nouvelliste à adopter une position de franc-tireur, mais aussi contre soi-même. Car la nouvelle entend réaliser la gageure de se pencher au plus près du bord de ce gouffre d'où l'écriture sourd et brusquement surgit. Et ce qui lui donne précisément sa texture et sa spécificité, c'est que la position est à ce point stratégique et intenable qu'on ne peut s'y accrocher guère plus de quelques pages. Voilà une des raisons essentielles de sa brièveté. » Alain Nadaud, Préface, *Voyage au pays des bords du gouffre*, Denoël, 1986

« Souple et ductile, la nouvelle. J'aime les rythmes et les angles d'attaque multiples qu'elle autorise. Elle me permet entre autres de saisir le personnage de biais comme de profil. À profil perdu, fuyant ? Sans en faire le tour ni avoir recours à son historicité. Sans le camper dans « son épaisseur » comme on dit. Lors d'un moment clef de son existence, peut-être la résurgence d'une vieille « histoire » dans le présent, l'irruption d'un temps autre, souterrain, dans le tempo du quotidien. Une brèche s'inscrit dans le cours tranquille d'un itinéraire. Un tantinet voyeur, le nouvelliste s'immisce dans un interstice, le creuse. Discrètement. Se retire, sur la pointe des pieds. Laisse le personnage et le lecteur se débrouiller avec la suite, sans prétendre devenir le regard omniscient, panoptique du romancier (de certains...) J'ai le sentiment, écrivant certaines nouvelles, de traquer un secret – infime ? essentiel ? – qui se dérobe. (...) Je conçois que la nouvelle ne soit pas aimée, de par sa façon violente, mine de rien, de nous confronter à la fragmentation, aux intermittences de la mémoire et de l'inconscient, à la finitude et à la mort. Pas si éloignée, au bout du compte, de l'éphémère, l'acuité fugitive de la danse ? » Claude Pujade-Renaud

« La nouvelle naît dans le bouillonnement d'une émotion, jaillie soudainement, vite disparue, d'où l'urgence du genre. Être toujours prête et ne pas m'installer. La nouvelle est toujours de passage. D'un mot à l'autre, je veux que mon texte ne donne que l'essentiel de l'émotion, à saisir au vol. J'écris d'une traite, les textes que je ne mène pas en une fois d'un bout à l'autre sont ratés : affadis. Cela n'exclut pas les corrections et fignolages ultérieurs. Le lecteur ne doit pas avoir le temps de s'habituer. » Christiane Rolland Hasler

« J'aime prendre pour point de départ les choses ordinaires de la vie, un événement minuscule, une réplique, un geste, une grimace. La nouvelle permet de mettre en valeur la complexité du simple et même du banal.

Écrire une nouvelle, pour moi, c'est écrire avec une loupe, avec un microscope, c'est éplucher un oignon avec un scalpel, c'est concentrer un faisceau lumineux sur un sujet qui ne trouverait pas nécessairement sa place dans un texte plus long.

La nouvelle est tout entière dans la surprise, dans l'élan qui ne se fatigue pas (…) La nouvelle c'est la fougue de l'amour au moment de la découverte, au moment où l'on tombe dans les bras de quelqu'un que l'on n'est pas destiné à bien connaître… » Sylvie Weil

« La nouvelle coupe le souffle, le roman l'entretient à petit feu. » Marcel Schneider

Les règles du genre

Une économie de moyens

- La brièveté : chaque mot, chaque détail compte et joue un rôle dans l'histoire.
- La concision : le texte est épuré de tout ce qui est inutile. Le détail est choisi pour sa pertinence et son utilité.
- L'action prime sur la psychologie des personnages, les descriptions…
- Peu de personnages
- La durée de l'histoire est un temps resserré

La fulgurance de la narration

- Le sujet est unique, restreint, saisissant, l'histoire qui secoue le lecteur

- La singularité : les intrigues sont originales, audacieuses.
- La rapidité : Les situations sont évoquées de manière épurée
- L'action condensée s'accompagne d'une recherche d'intensité. « La nouvelle doit donner en profondeur ce que le roman donne en longueur. » Angelo Rinaldi
- La structure de la nouvelle s'organise selon une unité et une harmonie dramatique (un seul problème et un seul sujet). La rigueur de la composition est recherchée
- Le style est rapide, alerte, incisif, nerveux : un maximum de sens et d'effets avec un minimum de mots. L'expression doit frapper les esprits, chaque phrase est fignolée dans les moindres détails, un soin particulier est apporté à la composition des paragraphes

La recherche d'effets

Empressez-vous de capter l'attention dès les premiers mots, et ne lâchez plus l'attention que l'on vous accorde.

« La première phrase c'est le pied d'un arc qui se déplie jusqu'à l'autre pied, à la phrase terminale… La première phrase c'est le "LA" auquel l'écrivain prête l'oreille en vérifiant et en retenant l'unité stylistique. » Louis Aragon, *Je n'ai jamais appris à écrire ou les incipits* coll. Les sentiers de la création, Ed. Skira.

Conservez le sens de l'accroche pour commencer et terminer vos paragraphes. Efforcez-vous d'écrire une dernière phrase inoubliable qui pourra révéler le pot aux roses.

N'en faites pas trop non plus. La simplicité et la sobriété conviendront à tous les lecteurs. « Je préfère pour ma part une autre métaphore : modestie des moyens, économie des gestes, vigueur du trait, justesse du tracé - la vivacité de la nouvelle est celle du croquis. Une touche de couleur, une indication de ligne, la trajectoire d'un mouvement qui se dessine, l'énoncé d'une attitude prise d'un trait, le caractère enlevé d'une esquisse, et tout est dit.

Le geste effaré est retenu, l'émotion est saisie : il y a saisissement dans l'art de la nouvelle. Lorsque c'est réussi, le texte a la clarté d'une gravure sur cuivre : la franchise, la précision et l'audace d'un premier jet, sans qu'y apparaisse le moindre repentir. Le trait mord. Alors la pointe sèche évite la sécheresse. Un rêve passe, l'émotion s'y fait entendre, en sourdine. Point d'autre secret que la morsure du trait. L'idéal : que le texte de la nouvelle se mette à travailler le lecteur, insidieusement. C'est-à-dire que le texte travaille, et reste en bouche longtemps après la lecture. Que, malgré le mot "fin ", on ne l'oublie pas, à la fin. Que la nouvelle fasse son petit travail de nouvelle, en somme. » Jean-Noël Blanc, Prix du jeune écrivain francophone

Les critères de réussite de la nouvelle

Bien évidemment, les règles du genre sont respectées mais aussi sublimées, comme en attestent ces deux spécialistes.

« Une nouvelle qui n'a pas su bousculer son lecteur est condamnée à l'oubli. La nouvelle instant ne comporte pas d'intrigue et se centre sur un instant particulier, exceptionnel, de qualité : un état d'âme, une sensation... À travers ce récit, un narrateur se met « en scène », explique la situation, illustre des comportements. La fin n'est pas dictée par la nécessité d'une chute. Ce récit forme néanmoins un ensemble clos qui laisse le lecteur sur une impression d'accomplissement, d'achèvement. Dans le cas contraire, il s'agit d'une autre forme littéraire : le fragment. « Les choses les plus simples, les plus humbles, sont celles parfois qui nous mordent le plus au cœur. » Guy de Maupassant.

« L'habileté à rédiger une chute constitue le principal critère de réussite : plus le rédacteur parvient à subjuguer son lecteur, à captiver son esprit pour l'emmener où il veut jusqu'à la fin où il lui réserve « une phrase choc qui clôture le récit sur un effet saisissant, plus le récit est abouti. » René Godenne

Notions de dramaturgie : la structure de l'histoire

Une structure qui se confond avec l'intrigue

Une nouvelle épouse au plus près l'intrigue et en révèle son essence. Le défi de l'auteur est donc de raconter le plus vite possible son histoire, avec style, avec force, en délivrant toute sa quintessence.

Une histoire se déroule en trois temps :

- Le héros a un problème qui contrarie ses projets et ses espérances
- Il s'efforce de trouver des solutions et il agit afin de contrer les oppositions jusqu'à l'épuisement de ses possibilités
- Le résultat de son action : il réussit ou il échoue

L'élément déclencheur et la scène d'exposition

Un incident, un événement, un changement, une situation énigmatique, un renversement de situation, un problème, un obstacle, une opposition, une catastrophe, un drame, un cataclysme… survient et le quotidien de votre héros est troublé au point que sa vie s'en trouve altérée et le pousse à réagir pour sortir de sa routine, à agir rapidement pour retrouver sa sérénité. Il s'agit de l'incident déclencheur.

L'exposition précède l'élément déclencheur. Comme son nom l'indique, elle expose le cadre de l'histoire, le personnage principal, sa situation, son environnement, le contexte, un lieu et son ambiance dans lesquels se déclenche le fameux incident qui va lancer toute l'histoire.

Un exemple

Le Fantôme de Canterville, d'Oscar Wilde

« Lorsque Mr. Hiram B. Otis, le ministre américain acheta le domaine de Canterville Chase, tout le monde lui dit qu'il faisait une bêtise énorme, car il n'y avait pas le moindre doute que le manoir fût hanté. En fait Lord Canterville, lui-même scrupuleusement pointilleux en matière d'honneur, avait estimé de son devoir d'en parler à Mr. Otis quand ils en arrivèrent à parler des conditions de la vente.

« Nous n'avons plus voulu habiter l'endroit, dit Lord Canterville, depuis que ma grand-tante, la duchesse douairière de Bolton, a été effrayée au point de s'évanouir, elle ne s'en est jamais remise, du fait que deux mains de squelette se sont posées sur ses épaules au moment où elle s'habillait pour le dîner. Et je me sens obligé de vous dire, Mr. Otis, que le spectre a été vu par diverses personnes de ma famille actuellement en vie, ainsi que par le recteur de la paroisse, le révérend Auguste Dampier, qui est diplômé de King's Collège de Cambridge. Après cet incident malencontreux survenu à la duchesse, aucun de nos jeunes domestiques n'a voulu rester auprès de nous, et il est arrivé souvent à Lady Canterville de passer des nuits presque blanches, en raison des bruits mystérieux provenant du couloir de la bibliothèque.

– Lord Canterville, répondit le ministre, je suis prêt à prendre le mobilier et le fantôme à la valeur estimée. Je viens d'un pays moderne, où nous avons tout ce que l'argent peut acheter ; et, avec notre remuante jeunesse qui agite le Vieux Monde, lui enlève ses meilleures actrices et cantatrices de marque, je pense que si tant est qu'il y ait un fantôme en Europe, nous l'aurions bien vite chez nous, dans un de nos musées publics, ou en tournée pour l'exhiber.

– Je crains que le fantôme n'existe bel et bien ; dit Lord Canterville en souriant, bien qu'il puisse avoir résisté aux propositions de vos imprésarios entreprenants. Il est connu depuis trois siècles, depuis 1584, en fait, et il fait toujours son apparition avant la mort d'un membre de notre famille.

– Ma foi, il en est de même du médecin de famille, Lord Canterville. Mais, des spectres, il n'en existe pas, monsieur, et j'imagine que les lois de la nature ne vont pas être suspendues pour l'aristocratie britannique.

– Vous êtes certainement très « nature », en Amérique, répondit Lord Canterville, qui ne comprit pas très bien la dernière observation de Mr. Otis, et si vous ne voyez pas d'inconvénient à la présence d'un fantôme dans la maison, tout va bien. Mais vous voudrez bien vous souvenir que je vous ai averti. »

Le fil directeur se dessine dès les premiers paragraphes. L'histoire montre un fantôme exposé à des difficultés imprévues : il ne parvient pas à faire peur à ces Américains, trop matérialistes et prompts à l'exhiber dans les fêtes foraines !

L'une des erreurs fréquentes constatées en formation consiste à croire que pour intéresser son lecteur, il suffit de lui donner des informations au compte-gouttes et le plus tard possible… Cette rétention d'information n'a rien de mystérieux et ne crée pas de suspense. Le héros n'est pas mis en danger et le lecteur s'inquiète de son sort… Au mieux, cette mise en attente décourage le lecteur qui s'impatiente de voir l'action démarrer. L'intérêt survient avec l'annonce du problème du héros. Dans le cas d'Oscar Wilde, c'est un combe que d'être un fantôme ignoré dans son propre château… Avouez que ce n'est pas banal !

Le climax

Le climax (d'un schéma narratif) « désigne le point culminant d'un récit, le moment où la tension dramatique est à son comble », selon l'encyclopédie Wikipédia. L'émergence de ce point critique s'appuie ainsi sur une série d'événements croissants en intensité dramatique, une gradation ascendante, vécus par un héros, pour laisser l'impression d'un sommet, d'une situation extrême, difficile à dépasser. C'est le moment de lutte ultime menée par le héros pour résoudre sa difficulté, le point de non-retour.

Si la dramaturgie était une partie d'échecs, le climax serait un échec et mat de toutes les oppositions. Il précède le dénouement, qui apaise les tensions, résout les difficultés afin d'orienter le récit vers la fin.

« Vous devez concevoir le climax avant tout comme un nœud narratif qui apporte une réponse dramatique. (…) Le critère le plus important est de conclure l'action. Et même de la résoudre (…). Le climax est aussi souvent un moment de quitte ou double, une sorte d'ultime tentative pour atteindre l'objectif. Ça passe ou cela casse. Le climax peut aussi être un moment de choix, parfois même mettre en scène un dilemme cornélien. » Yves Lavandier, *Construire le récit*, Les éd. Le clown et l'enfant.

Exemple de climax

« Examinons le climax de Cyrano de Bergerac qui possède toutes les qualités susmentionnées. À la fin de l'acte 1, nous comprenons que l'objectif de Cyrano est d'être aimé de Roxane mais il a peur qu'elle lui rit au nez. Cette déclaration annonce le climax. Inconsciemment, le spectateur imagine une scène dans laquelle Cyrano soit séduit Roxane, soit comprend une bonne fois pour toutes qu'il n'y arrivera jamais. La scène en question arrive à la fin de l'acte 4. À force d'écrire des poèmes et de s'abriter derrière le physique de Christian, Cyrano est parvenu à faire aimer son âme, à faire dire à Roxane qu'elle aimerait Christian, même s'il était laid, défiguré ou grotesque. Cyrano hésite à tout révéler. Mais il sent bien que c'est le moment ou jamais. Il se décide enfin à dire la vérité quand, ultime obstacle, le Bret l'arrête et lui dit quelque chose à l'oreille qui fait taire Cyrano à jamais. Cette interruption n'est pas un coup du sort, comme une sonnerie de téléphone inopportune dans les mauvais scénarios. En d'autres termes, ce n'est pas un *diabolus ex machina*. C'est la conséquence directe de ce que Cyrano a mis en place. Christian a éventé tout le petit jeu de Cyrano, a compris que Roxane ne l'aimait pas et vient de se jeter à corps perdu dans une bataille qui fait rage. On le ramène mourant. Cyrano comprend alors qu'il ne peut plus lui parler. Il abandonne clairement son objectif. » Yves Lavandier, *Construire un récit*, Ed. Le clown et l'enfant.

Le dénouement et la chute

Cette troisième partie de l'histoire est la transition entre la fin de l'action et la fin de l'œuvre. Il donne une indication sur ce que vont devenir les personnages. La fin peut donc être : une conclusion logique des actions. Un secret trouve sa révélation. Un mystère est percé. Une énigme aboutit au surgissement de la vérité.

Dès que le problème du héros cesse, l'histoire arrive à sa conclusion. Le problème est en effet le moteur de l'histoire. Un peu comme dans un jeu, dès qu'un joueur a gagné, la partie s'arrête. Afin d'éviter que le dénouement tourne court, il convient de le traiter comme « une réponse dramatique ». « C'est un outil capital pour donner sens à l'œuvre. Selon que le protagoniste atteint ou n'atteint pas son objectif, l'histoire ne dit pas la même chose. » Yves Lavandier, *Construire un récit*, Ed. Le clown et l'enfant.

Le happy end n'est sans doute pas la meilleure fin possible, même si ces fins positives sont plaisantes et soulagent les tensions. Elles sont loin des réalités. Le lecteur espère trouver à travers ses lectures des solutions originales afin de résoudre les problèmes qui jalonnent l'existence, et de s'identifier aux situations qui expriment la dureté de la vie.

Exemples de dénouement et de chute

Nouvelles extraites du recueil de Jacques Sternberg, *188 contes à régler*, Ed. Folio.

« **Les clichés**

D'après nos estimations, 250 000 Japonais eurent le temps et l'idée de prendre un cliché de l'explosion atomique qui devait les tuer et raser Tokyo à la fin de la guerre sino-japonaise de 2014. »

Dans cette nouvelle en une phrase, l'élément dramatique qui constitue le climax est l'explosion, le dénouement, les conséquences de celle-ci. La brièveté de cette histoire se focalise sur cette réaction humaine affligeante : « ils eurent le temps et l'idée ».

On parle de chute et de contre chute, un système à double détente : une double finale rapprochée créant deux surprises enchaînées. Souvenez-vous, la chute est toujours liée aux actions du personnage. Voici un exemple bien à propos, cette très courte nouvelle, *La chute*.

« **La chute**

Il écrivait depuis longtemps déjà, sans quitter sa table de travail, il n'avait pas fermé l'œil depuis deux nuits et ne pensait même plus à boire ni à manger. Il voulait achever son roman avant la fin de la semaine et il ne lui restait plus que quelques pages avant d'inscrire le mot fin.

Assommé de fatigue, titubant au fond de cette fatigue, l'homme sentit soudain qu'il tombait, privé de muscles et de nerfs, dans une sorte de vertige sans fond. Il vit la feuille de papier devenir un gouffre livide qui s'entrouvrait, se creusait et il perdit connaissance.

On ne revit jamais nulle part l'écrivain que l'on chercha en vain, et comme on avait trouvé son manuscrit achevé, on le fit imprimer.

Et dans le dernier paragraphe de son texte, si quelqu'un y avait pensé, on aurait pu retrouver l'auteur disparu, brutalement tombé dans le livre. C'était un roman de science-fiction un peu confus, une sorte d'errance d'un groupe d'individus, de planète en planète, trimbalés d'un piège galactique à un improbable cauchemar. L'auteur était là, coincé dans la dernière phrase, celle-là même qui le décrivait, de façon très banale, à jamais enlisé dans les marais gluants d'une planète perdue que personne ne découvrirait jamais puisqu'elle n'avait jamais existé. »

La chute pourrait être simplement la disparition... mais celle-ci est des plus fantastique, et agit comme une contre chute, un rebondissement inattendu qui empêche de retrouver cet écrivain.

La notion d'action et d'action narrative

Une histoire se noue et se dénoue. En son centre se trouve le nœud dramatique qui contraint le héros, le protagoniste à réagir à l'obstacle qui lui est imposé. C'est ce qui laisse l'impression à un lecteur que le texte contient de l'action. Cependant ce terme est ambigu pour bien des auteurs débutants, qui le considèrent dans un sens ordinaire. Il importe donc de bien faire la différence.

L'action

L'action se traduit par une activité : ce que fait quelqu'un pour réaliser une tâche ou atteindre un objectif, poussé par une intention, une impulsion, une nécessité. Elle correspond à des tentatives concrètes pour réaliser quelque chose ou résoudre une difficulté, concrétiser une intention. Ces initiatives se déclinent en comportements, stratégies, tâches, incidents, maladresses, réactions, agissements bénéfiques ou préjudiciables…

Le fait est l'aboutissement d'une action. Rapporter un fait de manière intelligible suppose que les conditions définies par Quintilien soient remplies : Il s'est passé telle chose, à tel moment, à tel endroit, pour telle raison, avec tel effet. Soit des réponses à ces questions : Quoi ? Qui ? Où ? Comment ? Pourquoi ? Le lecteur aura besoin de toutes ces informations pour comprendre ce qu'il se passe et reconstituer l'événement tel qu'il s'est déroulé.

L'action narrative

Comme dans la vie, l'issue d'une action est incertaine, ce qui crée du suspense. Le héros doit avoir des chances de s'en sortir.

Le moteur d'une action narrative n'est pas une succession de faits rapportés de manière chronologique, mais le conflit : un objectif contrarié par des obstacles internes à la personne ou externes (qu'elle ne maîtrise pas) suivis par une résolution positive ou négative. Un bon conflit génère beaucoup de situations problématiques, une série savamment conçue et agencée par l'auteur pour parvenir à un niveau de crise ultime. La cohérence se construit selon une logique de causes à conséquences, toujours reliées aux actions d'un personnage.

On remarque aussi que le héros a un objectif majeur qui l'anime durant tout le récit, qui se décompose en sous-objectifs afin d'atteindre son but. Le choix du sous-objectif doit aboutir à la construction d'un événement significatif. S'il ne l'est pas, le lecteur aura le sentiment de lenteur et risque de s'ennuyer. Il convient de relancer son intérêt avec des événements intéressants, croustillants, inattendus, inquiétants, improbables… de nature à le sortir de sa routine.

Le pitch ou comment définir sa structure en 3 lignes

Le pitch d'Yves Lavandier : une formule pour construire vos intrigues

Une histoire bien conçue s'exprime aisément en peu de mots. Cette clarté de pensée nécessite d'avoir construit son histoire avant de s'y essayer, sinon ce sera peine perdue. Lorsque l'on ne parvient pas à raconter rapidement son intrigue, c'est le signe qu'elle n'est pas encore assez mûrie. Mais comment parvenir à un résultat acceptable si l'on ne sait pas agencer correctement les éléments de son histoire ? Sans en oublier en route ? Sans vérifier les liens logiques qui créent la dynamique du récit ? C'est en cela que la formule d'Yves Lavandier est prodigieuse, car elle vous permet d'atteindre votre graal. La voici.

« Dans telle arène, à la suite de tel incident déclencheur, tel personnage se bat contre tels obstacles pour atteindre tel objectif. » p 33, Yves Lavandier, *Construire le récit*, Ed. Le Clown et l'enfant.

Dans cette définition l'arène désigne l'univers du personnage, c'est-à-dire un lieu, une époque, un contexte et une situation précise vécue par le personnage, situation qui va le conduire à vivre un problème. Sans difficulté, il n'y a pas d'histoire. Plus la difficulté est intéressante, curieuse, incroyable, inattendue, cocasse… plus votre histoire sera attractive.

Exemple

« Dans le but d'attraper un tueur en série cruellement inventif, une stagiaire du FBI prend le risque de consulter un psychopathe manipulateur et encore plus dangereux. » (Le silence des agneaux).

« C'est parce qu'il y a un lien logique entre protagoniste, incident déclencheur et objectif que l'incident déclencheur est un outil si précieux. Il aide à comprendre les motivations du futur protagoniste. » Ibidem.

Un bon conflit est donc « un conflit dynamique », compte tenu des relations étroites qu'entretiennent entre elles toutes les composantes d'une histoire. Un bon conteur sait développer ce sens des situations romanesques, transformant quelque peu sa perception de faits réels afin de les dramatiser et en échafaudant d'autres hypothèses...

Le pitch, la séquence, le séquencier

Le pitch améliore l'ordinaire résumé d'une histoire puisqu'il se concentre sur l'essentiel, sur ce qu'attend un lecteur. En établissant une liste de pitches chronologiques, vous commencerez à établir votre séquencier. Examinez ensuite l'agencement des séquences. Une histoire est rarement racontée de manière chronologique. L'ordre de présentation des problèmes fait partie d'une stratégie. Il est possible ainsi de ralentir ou d'accélérer le rythme du récit. La modification de cet ordre permet d'accroître l'intensité dramatique et d'utiliser de nouveaux procédés narratifs, présentés ci-après.

Le flashback ou retour en arrière, met en lumière un élément du passé du personnage pour renforcer la compréhension d'une situation ou d'un comportement. Le flashback doit avoir une longueur proportionnée à la date de votre texte, voire rester bref pour ne pas créer une diversion et casser le rythme du récit. Il doit aussi être ancré par un lien étroit à un élément du récit qui permet cette association à un événement passé.

Le flashforward est l'inverse du flashback. Il montre le futur et utilise le même attelage narratif.

L'ellipse opère une coupure : la suppression d'une scène ou d'un passage mineur. Évitez les coupures brutales. Peaufinez les fins et les débuts de séquences en vue d'aménager des transitions qui assureront la fluidité du récit.

Les effets d'annonce, dont **l'ironie dramatique.** Ce procédé consiste à donner une information au lecteur qui n'est pas connue du ou des personnages concernés, information qui sera exploitée plus tard dans le récit. Cette utilisation s'appelle « le paiement ». Par exemple, nous savons que le *Titanic* va couler mais tous les passagers l'ignorent.

Les gimmicks : « Dans le langage courant, un gimmick est une tournure de langage, de comportement ou de comédie récurrente, propice à identifier intrinsèquement son auteur. » Wikipédia. On parle aussi de leitmotiv en musique. « Allo, tonton, pourquoi tu tousses ? » de Fernand Raynaud : https://www.dailymotion.com/video/x3shz2n -

Chaque séquence s'organise autour d'un seul pitch. Celui-ci lui apporte une unité, une harmonie et permet de faire le tri afin de sélectionner le meilleur contenu pour dérouler l'histoire en choisissant les facettes les plus intéressantes de son intrigue.

L'ensemble de ces séquences forme un séquencier littéraire. Ce terme reste à différentier du séquencier du scénariste préparant à la mise en images d'une narration. Le séquencier reste ici un document préparatoire qui va vous servir à rédiger ensuite votre séquence.

Afin de faciliter ce travail de relecture critique, l'analyse d'une séquence s'effectue avec ces items complémentaires :

- La justification : à quoi sert la séquence pour dérouler l'histoire

- Le registre : il s'agit du choix d'un registre littéraire

- Le nombre de pages : l'importance que vous allez consacrer à la séquence. Cet item est intéressant pour gérer ses développements quand on s'impose un format.

Et enfin, on ajoute le titre de la séquence. Cet élément aidera en premier lieu l'auteur à se repérer plus facilement dans son séquencier et dans son récit. Le titre n'est pas incorporé au texte mais sert d'objectif d'écriture et de rampe de lancement pour l'écriture de la séquence. Le titre contiendra le problème rencontré par le héros, ce qui limite les hors sujets et les longueurs. Cette rigueur vous fera gagner un temps précieux dans l'écriture.

Exemple de séquence

Cet exemple n'est pas parfait. Nous allons le commenter pour les besoins de l'explication. Il a été réalisé par l'un de nos auteurs en formation : Dominique Beck

L'heure, c'est l'heure (titre de la nouvelle)

Scène 1 : L'accident

Contenu : Maître Case-Boissinot, commissaire-priseur à Paris, salle Drouot, vient de prendre congé de son collègue maître Hédin, sur le trottoir, devant la salle. Ils ont passé l'après-midi ensemble, à visiter une exposition de pièces d'horlogerie, avant la vente qui aura lieu le lendemain. Case-Boissinot reste à remâcher le mécontentement qu'il garde de cette visite, quand il entend soudain un crissement de freins, puis un vacarme au bout de la rue. Il a le temps de voir une grosse fille en jean se faire renverser par un bus et des voitures se heurter, et rentre dans la salle.

Justification : Présenter le lieu de l'action et trois personnages

Registre : Dramatique pour l'accident, étonnement devant l'attitude de Case- Boissinot

Longueur : ½ page

Commentaires critiques de cette séquence

Le titre : ici, général, ne fait pas le lien avec le protagoniste et ne comporte aucune tension. Il pourrait s'appliquer à beaucoup de textes. Idéalement, un titre ne convient qu'à un seul texte…. Même si le lecteur ne lira jamais votre séquencier. Évitez les titres en un mot. Vous pourrez l'étendre à deux lignes si besoin.

Le contenu : ici, l'auteure réalise un résumé classique de l'histoire et non un pitch. Le risque est de ne pas hiérarchiser les personnages, leurs actions, d'oublier d'incorporer les enjeux, la tension et le conflit. Il existe aussi un risque de minimiser l'action du héros et de le rendre passif.

La justification : l'auteure aurait pu utiliser le terme technique, il s'agit d'une scène d'exposition. Une connaissance floue d'un procédé génère le plus souvent une scène d'exposition approximative, sauf si l'auteur dispose d'un savoir intuitif. À vérifier.

Le registre ou la « tonalité du texte » ne concerne pas l'émotion d'un personnage, ni de l'auteure… mais de l'effet que l'on cherche à produire dans l'esprit du lecteur. Là, Dominique Beck n'a pas d'intention précise. L'effet, s'il existe, surviendra au hasard de l'écriture et de l'inspiration du moment.

L'auteure, Dominique Beck, rappelons-le, était en formation. Les erreurs présentées sont si fréquentes qu'elles méritent d'être mentionnées et commentées.

Il est légitime de ne pas réussir tout de suite, dès la première tentative. L'erreur, et elle seule, permet l'assimilation des savoir-faire nouveaux ou de les réactualiser. Celui qui ne se trompe jamais n'apprend en définitive pas grand-chose, sauf si, bien sûr, ce savoir-faire est déjà acquis. Trop souvent, l'auteur recherche surtout à obtenir une gratification en évitant de sortir de sa zone de confort. Accepter ses imperfections et l'apprentissage sont deux préalables à toute formation. On apprend surtout de ses erreurs et de celles des autres dans le cadre d'un atelier d'écriture.

Dominique Beck, formée par L'esprit livre, a rédigé après un meilleur pitch, qui a servi ensuite d'argument publicitaire. Voici cette nouvelle mouture.

L'heure, c'est l'heure

Sandra revient à Paris pour assister à une vente aux enchères d'objets d'art ayant appartenu à son ancien patron. Elle y apprend que ce notaire respecté collectionnait les horloges pour en faire un usage très particulier.

Procédant ainsi avec toutes ces nouvelles, elle a obtenu une table des matières plus accrocheuse. Elle a pu dégager des caractéristiques communes à toutes ces nouvelles. Cette démarche lui a permis de rédiger sa quatrième de couverture.

Recueil de nouvelles drolatiques sur l'impossibilité d'être rationnel.

L'existence est régie par des lois immuables qui dépassent notre conscience ordinaire. Pourtant nous sommes tous prompts à tenter de les déjouer pour affirmer notre volonté.

Voici pour preuve onze histoires où l'improbable côtoie l'ironie du sort afin de mettre en échec les désirs les plus affirmés. Ces destins de papier semblent être réglés par une implacable rationalité et pourtant sont confrontés à une déraisonnable efficacité des mathématiques.

Ces personnages indécis, frustrés, obnubilés, naïfs, balancent entre croire et savoir, et découvrent un beau jour que leur monde est bancal. L'application des règles, lois et axiomes mathématiques imbriqués les uns dans les autres façonne et dérègle le cours ordinaire de ces onze nouvelles, autant de démonstrations que nul ne peut y échapper. Un dérèglement logique, forcément.

En savoir plus : https://www.amazon.fr/Equation-inconnu-recueil-nouvelles-drolatiques-ebook/dp/B00OZFSSDW/

La notion de séquencier

Comme vous venez de le voir à travers l'exemple de Dominique Beck, le séquencier regroupe l'ensemble des séquences, quatre items et un titre facilitant la vérification de la structure et de son contenu.

Ce serait une erreur de se contenter de ce travail de pitch, d'ordonnancement et de vérification. Il vous faut savoir où vous allez et donc avoir une vision d'ensemble de votre histoire. Le séquencier est un outil de découpage d'une histoire en séquences, encore faut-il avoir une histoire. Le résumé de l'intrigue vous donnera la vision du rendu. Testez ce résumé auprès de lecteurs dans l'objectif de recevoir quelques retours critiques sur la perception de votre histoire et la perception de sa signification.

Une histoire reste une illustration d'un message personnel que l'auteur veut faire passer, une prise de conscience, une vision du monde qui bouscule les habitudes… Bref, une histoire se justifie par son sens. Ce dernier constitue le fil directeur du récit sur lequel chaque séquence va venir s'accrocher, à l'image d'un vêtement sur le fil à linge, le conflit dynamique est votre pince à linge.

Toujours par expérience, nous savons à quel point il peut être difficile de construire une intrigue. Nous n'avons pas spontanément ce sens des situations dramatiques passionnantes. Comme vous le savez maintenant, le pitch aide à clarifier les idées et à élaborer la structure du récit. Il n'est donc pas interdit de passer du résumé à la création de séquences, autant de fois que nécessaire pour parvenir au résultat escompté, à la fois en ayant une vision d'ensemble précise et une connaissance du détail des rouages et mécanismes de votre histoire, **avant** de vous lancer dans l'écriture. Si vous avez besoin d'écrire pour trouver des idées, alors écrivez sans perdre de vue que ces textes sont des productions intermédiaires, des brouillons et non le texte définitif. Repassez par la méthode avant d'écrire vos séquences.

Enfin, vous pouvez compléter cette méthode du séquencier en ajoutant un cinquième item à cette méthode « narration ». La prévision de l'utilisation des outils narratifs, l'enchaînement des six modes d'expression et leurs contenus respectifs, peuvent se prévoir comme dans un scénario. L'avantage de cette prévision est de vérifier que l'utilisation de ces procédés se justifie et sert votre histoire.

Le séquencier est une aide à la création et à l'organisation du texte. Ayant un regard plus net sur le travail d'écriture à fournir, l'auteur peut planifier le temps d'écriture selon son expérience, prévoir une date de fin par exemple ou se fixer des dates butoirs intermédiaires pour devenir plus efficace. Il peut aussi rédiger en choisissant les séquences dans le désordre, et retenir celle qui l'inspire le plus. Cette nouvelle liberté lui permet de laisser libre cours à l'inspiration du moment sans se sentir limité ou contraint par son organisation.

Un séquencier sert aussi à la révision d'un texte et de sa structure. Il facilite l'analyse à tout moment de son élaboration. Il peut aussi évoluer au cours de l'écriture : une idée en entraînant une autre, il n'est pas rare d'en trouver de meilleures ! N'oubliez pas de conserver cette double vision d'ensemble et de détail pour rester maître de votre histoire.

Raconter c'est dramatiser

Puisque l'ADN de l'histoire est le conflit dramatique, le travail de l'auteur est de définir des tensions, qui vont propulser le protagoniste dans des situations délicates et tenir en haleine le lecteur : Va-t-il s'en sortir ? Comment ? Et que se passe-t-il ensuite ? Que ressent-il durant ses efforts intenses ? Va-t-il réussir à affronter ce qu'il craint le plus ? Etc.

« La dramatisation est la technique permettant de rendre une œuvre, qu'elle soit littéraire, musicale, théâtrale, etc. plus vivante, plus impressionnante. Les effets dramatiques mettent en œuvre l'exagération, la surintensité d'un événement, jusqu'à atteindre parfois une dimension comique. » Wikipédia.

Intensifiez, mettez en scène des émotions, des réactions, des des personnalités. Incarnez une conscience accablée par la difficulté. Suscitez un suspense insoutenable. Jouez avec nos nerfs, avec notre imaginaire. Captivez-nous... Tel est l'arsenal utilisé par les meilleurs conteurs. Si l'expression de la nouvelle reste un modèle de simplicité, il n'en est pas de même pour les procédés utilisés. Souvenez-vous de ce conseil : « Il ne se suffit pas de frapper l'oreille et d'occuper les yeux, il faut agir sur l'âme », écrivait Buffon en 1753.

À retenir

Le drame en dramaturgie n'est pas réduit à une catastrophe. Il consiste à la représentation d'actions humaines qui, selon Yves Lavandier, mettent en jeu un objectif, des obstacles et une issue incertaine. Si votre histoire n'intègre pas ces éléments, révisez -la.

Raconter consiste à dramatiser, c'est-à-dire augmenter les conflits dramatiques, ajouter et exploiter les enjeux, créer du suspense, de la surprise et du mystère.

Le titre : la carte de visite de vos textes

Si vous souhaitez être lu et que l'on se souvienne de vos histoires, alors travaillez vos titres avec acharnement. C'est ainsi que vous allez donner envie à vos lecteurs de vous lire. Autant dire que vous laissez une carte de visite afin qu'ils viennent à votre rencontre.

Si le titre attire l'attention, il ne déflore pas le sujet. Veillez à charmer l'esprit pour le rendre attractif. Ci-dessous quelques procédés à partir d'exemples.

Le potentiel érotique de ma femme de David Foenkinos intrigue immédiatement. On se demande bien ce que l'auteur s'apprête à révéler sur ce sujet.

La crème du crime. Ce recueil de nouvelles des éditions Atalante est excellent. Outre le jeu de sonorités, le lecteur s'attend à une sélection gratinée de nouvelles noires. Ce titre contient une promesse de satisfaction pour le lecteur : nous avons sélectionné pour vous le meilleur.

Le père adopté de Didier Van Cauwelaert est surprenant : on adopte des enfants, pas leurs parents. Il s'agit ici d'inverser un comportement habituel. Ce titre attise la curiosité : on se demande bien ce qui a pu causer une telle situation.

Vous êtes seule ? de Claude Pujade-Renaud questionne immédiatement un drame humain.

Et si on les tuait ? de Claude Pujade-Renaud, induit une proposition indécente et choquante qui attise la curiosité.

Douce nuit de Dino Buzzati est un euphémisme, une pointe ironique acide. La nouvelle relate une tuerie entre insectes et petits animaux dans une pelouse durant une nuit d'été.

188 contes à régler de Jacques Sternberg. La polysémie et les jeux de mots sont toujours bien accueillis, sauf s'il s'agit de poncifs.

Gentil Coquelicot mesdames de Noëlle Chatelet. L'évocation de vers de comptines, de chansons populaires, de maximes, de proverbes attire l'attention. Ils font déjà partie de l'univers intime du lecteur. Ce côté familier crée un effet de proximité séduisant et provoque un attrait amical. Attention à la reprise d'œuvres connues qui induirait en erreur. Démarquez-vous de telle manière à éviter de possibles confusions avec l'œuvre originale. Vous pouvez toujours le parodier, le reformuler.

Le roman vrai d'Alexandre Jardin. Cet oxymore exprime tout le projet de l'auteur : la confession d'un romancier qui s'est laissé enfermer dans un rôle et désire désormais se libérer en retrouvant sa vérité et son authenticité.

Vue imprenable sur jardin secret de Stephen king. Cette magnifique métaphore apporte de la poésie tout en intriguant.

Parfois je ris tout seul de Jean-Paul Dubois. Cette affirmation surprenante, inquiétante, questionne : qu'est-ce qui fait rire ce personnage ?

Ta deuxième vie commence quand tu comprends que tu n'en as qu'une de Raphaëlle Giordano. Ce titre utilise une citation de Lao Tseu. Il est un morceau de sagesse.

Une visite de votre bibliothèque s'impose. Faites l'inventaire des titres qui composent vos univers de lecture. En trouvant la raison de leur attractivité sur vous, vous allez voir le procédé utilisé pour retenir votre attention. Vous obtiendrez un répertoire de techniques et de possibilités afin de rédiger de bons titres.

La narration

Précédemment ont été évoquées les caractéristiques de la nouvelle, auxquelles s'ajoutent les techniques de l'écriture narrative. Là encore, il existe des procédés. La narration comprend six modes d'expression et pas plus !

- La description d'objet, de lieux
- Le portrait des personnages
- Le dialogue
- Le monologue
- Le récit des événements par un personnage
- Le récit d'événement par un narrateur.

Si vous avez glissé dans votre texte des idées générales, un débat d'idées, vous risquez de vous tromper dans vos intentions : il s'agit d'un essai, ou d'un mélange de genres qui déstabilisera votre lecteur, habitué à ces repères. Un récit est toujours concret et lié étroitement à une intrigue.

Utilisez ces six modes alternativement afin de rendre votre récit vivant et efficace. Ces enchaînements contribuent à créer un rythme et à maintenir votre lecteur en haleine. Toutes les informations délivrées doivent concourir à raconter votre histoire sans vous perdre dans les détails : elles doivent rester essentielles à la compréhension et à la dynamisation de votre récit. Supprimez les longueurs même si vous aimez bien telle phrase : votre lecteur vous sera reconnaissant de limiter ses efforts de lecture et de lui réserver le meilleur de votre histoire.

S'il est possible de ne pas utiliser systématiquement les six modes de la narration, certaines erreurs sont à éviter. Ne vous limitez pas par exemple à n'utiliser que le narrateur pour dérouler votre intrigue. Évitez aussi l'écriture monocorde où l'auteur raconte tout en occultant les personnages. À moins d'écrire un monologue passionnant, vous risquez d'ennuyer votre lecteur qui a besoin de variété. Donnez la parole à vos personnages. Décrivez-les afin que le lecteur puisse se faire une idée précise d'eux. Épargnez vos lecteurs en contenant ces narrateurs bavards. Les généralités, les considérations de l'auteur… n'ont pas leur place dans la nouvelle.

Pour des récits introspectifs, vous pourrez réduire le nombre des descriptions de lieux sans altérer votre intrigue. À l'inverse, dans des récits de voyage, ces descriptions seront prédominantes. La limitation des dialogues, en les substituant à quelques paroles citées dans un style indirect, peut être utile dans des récits courts, mais ne permet pas de donner à entendre vos personnages.

La recherche d'un équilibre reste conseillée. Elle permet d'offrir à votre lecteur une expérience de lecture plus complète : il pourra en effet imaginer davantage vos personnages d'autant plus que vous lui avez fourni des descriptions évocatrices, des monologues intérieurs afin de ressentir les sentiments de vos personnages, des dialogues donnant à entendre ces personnages, leur accent, leur manière d'être et leurs désirs.

Pour les besoins de l'explication, dans les pages qui suivent, nous allons examiner les caractéristiques des six modes de la narration. Encore une fois, ne perdez pas de vue que dans un texte littéraire, ces procédés sont imbriqués, liés les uns aux autres afin de concourir à la fluidité du texte et à donner un rythme.

« C'est de leur combinaison préméditée par l'auteur que naît l'impression de durée vécue par le lecteur. Le mode dialogue est le seul cas dans lequel le lecteur vit au même rythme que la réalité. Dans le mode du récit, il va plus vite, voire beaucoup plus vite (on peut résumer quarante ans en une phrase qu'on lira en trois secondes). Enfin, dans le mode description, le lecteur va plus lentement que la réalité (l'auteur prend une page pour décrire ce que dans la vie on verrait en cinq secondes). » Le travail du style littéraire, Louis Tombal-Duclaux, Ed. Écrire aujourd'hui.

La description

Rôle et définition de la description

La description donne à voir, à sentir, et à percevoir avec les mots, des objets, des lieux, des personnages.

La description sert à caractériser : montrer ce qui est remarquable. Il n'existe pas de description exhaustive. Décrire, c'est choisir ce qui est remarquable. Elle peut aussi rendre perceptible ce qui échappe, avec l'intention d'apporter ainsi de la profondeur à un texte. Décrire signifie traduire, exprimer ce qui est caractéristique, significatif, spécifique, ce qui marque l'esprit à un instant crucial du développement de votre récit.

Pour y parvenir, il est souvent nécessaire d'éduquer son regard afin de s'ouvrir à la réalité et à la reconsidérer avec un œil neuf pour transmettre une expérience sensible avec l'objet de son observation. Ensuite, afin de restituer ces expériences, vous utiliserez vos cinq sens pour formuler vos perceptions dans votre texte. Puisez dans la réalité afin d'agrémenter vos univers imaginaires. La description peut aussi s'accompagner d'images (de métaphores) pour marquer encore plus l'attention, donner une dimension poétique, comique ou encore grave à vos écrits.

La description peut être statique ou dynamique

Une description peut s'envisager de deux manières : statique comme un arrêt sur image (l'action s'arrête sur un moment clé) ou l'intégrée à l'action de vos personnages.

Exemple d'une description en action : Il dû se baisser pour franchir la porte (sous-entendu, il est grand, la description est induite). Cette impression de grandeur est confortée par les grandes jambes du personnage : « il avançait à grandes enjambées dans le salon ». Dans la deuxième partie de la phrase, le lecteur voit une personne de grande taille se déplacer. Vous pourrez observer que ce procédé évite l'usage des adjectifs, ce qui épure le style tout en le rendant vivant et dynamique.

Ci-après, dans l'exemple de Francis Ponge, l'auteur développe la relation qu'il entretient avec un objet et énumère ce qu'il lui évoque. La description dans ce cas sert à révéler un caractère : celui de l'observateur. Vous pourrez constater que cette technique rend le texte vivant tout en impliquant le lecteur qui connaît l'objet décrit. La lecture procure un supplément de conscience, une vision supplémentaire de ce qui pourrait paraître quelconque. Ce procédé peut s'appliquer également à la description d'un lieu.

« L'huître

L'huître, de la grosseur d'un galet moyen, est d'une apparence plus rugueuse, d'une couleur moins unie, brillamment blanchâtre. C'est un monde opiniâtrement clos. Pourtant on peut l'ouvrir, il faut alors la tenir au creux d'un torchon, se servir d'un couteau ébréché et peu franc, s'y reprendre à plusieurs fois. Les doigts curieux s'y coupent, s'y cassent les ongles : c'est un travail grossier. Les coups qu'on lui porte marquent son enveloppe de ronds blancs, d'une sorte de halos.

À l'intérieur l'on trouve tout un monde, à boire et à manger : sous un firmament (à proprement parler) de nacre, les cieux d'en dessus s'affaissent sur les cieux d'en dessous, pour ne plus former qu'une mare, un sachet visqueux et verdâtre, qui flue et reflue à l'odeur et à la vue, frangé d'une dentelle noirâtre sur les bords.

Parfois très rare une perle à leur gosier de nacre, d'où l'on trouve aussitôt à s'orner. »

Francis Ponge, *Le parti pris des choses*, Ed. Gallimard.

La description : un même procédé pour donner à voir les décors, les objets et les personnages

Les descriptions sont rarement statiques dans la littérature actuelle. On évite d'arrêter le déroulement d'une intrigue avec une description trop longue. Le lecteur est pressé de savoir ce qu'il va se passer ensuite. Le plus souvent, les descriptions se retrouvent intégrées de multiples manières à la narration.

Jean-Claude Dunyach a réalisé un inventaire des descriptions qu'il utilisait le plus, centrées sur les personnages, elles combinent à la fois le lieu et l'action : « Il existe de nombreuses sortes de descriptions, parmi lesquelles (liste non exhaustive) :

> ▸ *La description en "perspective externe"*

La chambre comportait deux lits jumeaux, une armoire à glace imposante et une table de chevet sur laquelle était posé un réveil.

> ▸ *La description "induite par l'action"*

Sitôt entré, il alla s'asseoir sur l'un des lits jumeaux et tendit la main vers le réveil posé sur la table de chevet.

> ▸ *La description "en miroir des réflexions d'un personnage"*

Cette chambre était à l'image de sa vie : deux lits jumeaux séparés par la distance infranchissable de la table de chevet, dont le réveil au tic-tac omniprésent rythmait ses nuits de veille. Depuis peu, elle avait même séparé leurs piles de draps dans l'armoire à glace.

▸ *La description en forme de trait d'esprit*

Le mec qui rentre dans mon burlingue ressemble à un de mes amis, gynécologue, qui est devenu riche le jour où il a attrapé la maladie de Parkinson (San Antonio, cité de mémoire).

▸ *La description en tant qu'écho symbolique d'une scène, d'un récit*

Dans l'obscurité, les vagabonds de la plage se tenaient à la ligne des marées, écoutant la musique qui parvenait jusqu'à eux, portée par les vagues thermiques. Ma torche éclairait les bouteilles cassées et les fioles hypodermiques à leurs pieds. Portant leurs bigarrures mortes, ils attendaient dans l'air terne comme des clowns flétris (J. G. Ballard, "Dites au-revoir au vent", in Vermillon Sands).

Quelques conseils de l'auteur

« Ne décrire que ce qui n'est pas connu, ce qui est "merveilleux", "extraordinaire", ou alors ce qui est directement "utile" (ou qui va être utilisé par la suite). Je trouve par contre inutile de décrire une salle de bains, s'il s'agit de la même salle de bains qu'on rencontre partout (par contre, décrire des chiottes en apesanteur peut avoir son intérêt). Inutile aussi de décrire quelque chose que le lecteur connaît aussi bien que moi.

Varier les types de descriptions : j'utilise rarement la description en "perspective externe", ou alors pour deux ou trois lignes. Au-delà c'est rasoir (à mon goût). Par contre, j'utilise souvent les descriptions "induites par l'action", qui ont l'avantage de ne pas casser le rythme (beaucoup de lecteurs ne s'aperçoivent pas qu'il y a eu description).

J'apprécie des descriptions "recherchées", exotiques. Elles demandent un travail extrêmement soigné au niveau du vocabulaire et du rythme, par contre elles ont un effet dépaysant garanti. De même, décrire un vol d'astéroïdes dans l'espace profond ou une cité sous-marine mérite plusieurs pages, qui peuvent provoquer un sentiment d'émerveillement (quand ça marche).

Il est rare que je me dise : là, il faut une description. Quelquefois, à la relecture, je rajoute une phrase ou deux dans le corps du texte pour préciser un point laissé dans l'ombre. Lorsque j'écris une description, c'est toujours avec une certaine dynamique, emporté par un élan, presque avec urgence. Une "bonne" description, pour moi, doit toujours donner l'impression d'avancer. Sinon, elle est coupée à la relecture, parce qu'ennuyeuse et vaine.

Enfin, une description de plus cinq lignes devrait toujours avoir une "signification", une "morale", une "portée symbolique ou esthétique". Décrire n'est jamais neutre ; c'est aussi, suivant les cas, juger, poser des jalons, voire détruire. » Jean-Claude Dunyach, *En vla des truc en vla*. Source :

http://sf.emse.fr/AUTHORS/JCDUNYACH/jcdecr.html

La description de lieux

Là encore, insistons sur la nécessité de l'existence d'actions humaines afin d'intéresser un lecteur. Même dans le cas de l'écriture de voyage, l'ajout d'actions passées, l'histoire liée à un lieu apporte une identité, une ambiance, comme vous pourrez le constater dans cet extrait de *L'usage du monde*, de Nicolas Bouvier.

« Il y a des villes trop pressées par l'histoire pour soigner leur présentation. Lorsqu'il avait été promu capitale yougoslave, le grand bourg fortifié s'était élargi par rues entières, dans ce style administratif qui déjà n'est plus moderne et semble ne jamais devoir être ancien. Grand Poste, Parlement, avenues plantées d'acacias et quartiers résidentiels où les villas des premiers députés avaient poussé sur un sol arrosé de pots-de-vin. Tout était allé trop vite pour que Belgrade ait pu pourvoir déjà aux cent détails qui font la finesse de la vie urbaine. Les rues paraissaient plus occupées plutôt qu'habitées ; la trame des incidents, des propos, des rencontres, était rudimentaire. Aucun de ces recoins subtils, ombreux que toute ville véritable offre à l'amour et à la méditation. L'article soigné avait disparu avec la clientèle bourgeoise. Les vitrines offraient des marchandises à peine finies : souliers déversés comme des bûches, pains de savon noir, clous au kilo ou poudre de toilette empaquetée comme de l'engrais. »

La description d'un lieu crée des ambiances et nécessite d'utiliser ses cinq sens afin de rendre compte de la réalité d'un lieu et transmettre des perceptions à un lecteur. Il est d'ailleurs conseillé d'étendre sa palette linguistique afin d'être plus à l'aise avec le procédé, en variant à la fois son vocabulaire et les sensations.

Dans l'extrait ci-dessous, vous pourrez vérifier que les cinq sens sont mobilisés.

« Avec ma mère, nous fîmes un grand tour dans les rues proches de l'hôpital, une après-midi, à marcher en traînant dans les ébauches des rues qu'il y a par-là, des rues aux lampadaires pas encore peints, entre les longues façades suintantes, aux fenêtres bariolées de cent petits chiffons pendants, les chemises des pauvres, à entendre le bruit du graillon qui crépite à midi, orage des mauvaises graisses. Dans le grand abandon mou qui entoure la ville, là où le mensonge de son luxe vient suinter et finir en pourriture, la ville montre à qui veut le voir son grand derrière en boîte à ordures. Il y a des usines qu'on évite, qui sentent toutes les odeurs, les unes à peine croyables et où l'air d'alentour se refuse à puer davantage. »

Louis-Ferdinand Céline, Voyage au bout de la nuit, Gallimard.

Le portrait des personnages

Concevez vos personnages sans vous enfermer dans des méthodes inadaptées

Vous pouvez vous dispenser de construire des fiches de personnages types: elles ne vous apporteront pas grand-chose. Vous devez en effet connaître votre intrigue avant de vous interroger sur ce que vous voulez montrer de votre personnage, comment vous allez utiliser ces personnalités dans votre histoire. Le portrait se construit autour de récits d'un événement en lui donner de la chair. C'est en fonction de leur capacité à agir et réagir que l'on remarque véritablement les traits d'une personnalité. Le personnage ne crée pas l'histoire, c'est plutôt l'inverse. Songez aussi que votre personnage apprend et adapte ses pensées et ses réactions en fonction de l'évolution de situations.

L'une des erreurs que nous avons constatées en formation est de voir nos auteurs construire des personnages selon l'inspiration du moment et en tomber amoureux. À tel point qu'ils se retrouvent en difficulté pour mettre en place des actions, convaincus que cette démarche leur apporterait les idées nécessaires pour « trouver leur histoire ». Les idées ne se trouvent pas comme des champignons dans la forêt de vos idées floues. Elles se construisent de manière cohérente, logique, créative.

Dans la phase de conception de votre intrigue, vous pourrez envisager des confrontations dynamiques de votre personnage avec son environnement afin d'établir des zones de conflit, des enjeux... Cette démarche vous aidera à élaborer des idées nouvelles. À vous ensuite de choisir les meilleures en les mettant en perspective avec les vrais besoins de votre histoire et de caractériser vos personnages.

Évitez de vous perdre dans les méandres de la psychologie de vos personnages : caractérisez-les !

La notion de portrait se confond avec la psychologie, puisqu'il s'agit de présenter une personnalité en mouvement et en action. Le portrait peut porter sur de nombreuses facettes :

- Son physique, qui illustre un mode de vie, une manière d'être, une hérédité
- Ses traits de caractère : sens moral, préférences, dégoûts
- Ses singularités de comportement : manies, obsessions, travers, péchés mignons
- Son présent : habitudes, projets, obligations, motivations
- Son passé : origines, parcours, influences, réussites, échecs, regrets, traumatismes, résolutions, interrogations, déceptions, craintes, ses prises de risque...
- Ses aptitudes : talents, performances, inaptitudes, résistances et évitements
- Ses rêves : souhaits, ambitions
- Et aussi ses manières de s'exprimer, de vivre, sa vision de la vie et du monde

Il serait vain de définir tous ces paramètres pour l'ensemble de vos personnages. Établissez votre « casting » afin d'attribuer le meilleur rôle à vos personnages. Leur tempérament, leurs travers mettront en relief les différentes situations auxquelles vous les confronter. Par exemple un avare réagira plus violemment à un vol cambriolage. Utilisez les ressorts de leurs personnalités afin de corser le déroulement de votre intrigue.

Dans son guide, *Construire un récit*, Yves Lavandier précise que la « caractérisation est l'art de créer des personnages. Le travail de caractérisation ne consiste pas uniquement à caractériser des personnages, mais mettre leur personnalité en scène puis à l'exploiter. » Il vous faudra donc revenir aux pitches de vos séquences. Il est aussi fortement conseillé de limiter ces traits de caractérisation à trois ou quatre caractéristiques qui seront présentes et exploitées tout au long du récit.

Prenons un exemple. Sherlock Holmes se distingue par un sens hors du commun de l'observation et de la déduction logique, son affection ambiguë pour le docteur Watson, son attirance pour l'opium, ses audaces dans ses enquêtes, son addiction à l'aventure. Tous ces traits se retrouvent dans toutes ses aventures et jouent un rôle particulier dans chaque épisode. Ils participent à l'identification de ce personnage et mettent en lumière une intelligence hors norme dont le personnage tire d'ailleurs une grande satisfaction. Il ne se prive pas d'éloges dans les dialogues !

Le portrait et l'écriture narrative

La nouvelle portrait s'envisage comme une histoire et peut même se confondre avec un article de presse. Dans l'exemple ci-dessous, le parcours amoureux de ce couple est décrit rapidement et intègre quelques réactions qui révèlent leur caractère.

Il retrouve sa femme après 60 ans de silence

Hélène Linarès et Lucien Touchard se sont retrouvés il y a un an, après une séparation de près de 60 ans. Aujourd'hui, ils vivent à nouveau ensemble à Cissé.

Mariés en 1940 et divorcés en 1946, chacun a refait sa vie de son côté, sans donner de nouvelles. Sinon, comme le précise Hélène, « ça sert à quoi d'être séparés ! ».

Lucien ajoute que, durant cette longue période, « nous ne nous sommes pas manqués, nous n'avons pas souffert de cette rupture. Nous nous sommes quittés en bons termes. »

Ni l'un, ni l'autre n'a eu d'enfant. À 89 ans, Hélène se retrouve seule et Lucien, 87 ans, était pour sa part disponible.

Une intuition de femme

Hélène a confié au neveu de Lucien, habitant de Vouillé, un album de photos de jeunesse. Elle savait qu'il y venait régulièrement. Ce fut un choc pour lui d'avoir entre ses mains ces souvenirs. Lucien n'a pas pu résister à l'idée de la revoir.

Il tente sa chance le 16 août 2003. « Je ne savais pas du tout comment j'allais être reçu ! » fait-il remarquer.

Hélène l'attendait tout simplement. « C'est comme si cette longue séparation n'avait jamais existé ! »

L'émotion, immense, a presque causé une crise cardiaque à Lucien. Celui-ci explique que la guerre a contrarié cette union : parti en Algérie pendant deux ans et demi, il a vécu à peine un an avec Hélène avant de repartir, en 1939 pour la guerre.

Sauvé par le mariage

Ils se souviennent tous les deux du 11 mai 1940, jour de leur mariage. Lucien avait bénéficié d'une permission exceptionnelle pour se marier. Ce même jour, son régiment est décimé à Sedan. « Je lui ai sauvé la vie ! déclare Hélène qui s'était chargée de tous les préparatifs du mariage, sinon, il serait mort depuis longtemps. »

Aujourd'hui à 90 et 88 ans, ils se dépêchent d'être heureux. Ils ne manifestent aucun regret. Leurs regards pétillent quand ils pensent à ce coquin de sort qui leur a réservé un rendez-vous exceptionnel avec l'amour.

Jocelyne Barbas, *La Nouvelle République*, 1er septembre 2004

Choisissez entre brosser un portrait ou créer une présence

Le portrait classique à la Balzac, Victor Hugo ou encore Zola, avec un arrêt sur image détaillant la physionomie afin de déduire des traits de caractère, n'est plus adapté à notre culture de personnes pressées. Il n'est plus question d'arrêter l'histoire pour présenter le personnage au lecteur. Le procédé a évolué : sa présence est induite en premier lieu par ses actions.

« Le personnage est partout et nulle part, parce qu'il agit, pense, parle, se confronte aux autres en actions et en pensées et en paroles, parce qu'il est pourvu de caractéristiques physiques, intellectuelles, sociales (…) susceptibles d'évoluer sous la pression d'événements et de lieux où il se trouve parce qu'il fait l'objet de jugements de valeur de la part des autres, dont fait partie le narrateur, bref parce qu'en l'approchant, on rencontre tout à la fois la structure actancielle, la structure narrative et les descriptions. » *Le personnage, clef de la didactique du récit*, Catherine Tauveron, Ed. Delachaux et Niestlé.

L'utilisation des six modes de la narration contribue également à créer cet effet de présence d'un personnage. Par petites touches. Pensez à ajouter dans vos dialogues le langage non verbal de vos personnages, la description de leur visage trahissant une émotion, leurs déplacements dans leur environnement, la mention de leur gestuelle vous permettra d'alléger la longueur des répliques dans les dialogues et de faire comprendre les connivences ou les tensions. Plus vous allez tresser serrés ces modes d'expression, plus vos personnages seront présents dans l'esprit de votre lecteur. N'oubliez pas d'utiliser leurs cinq sens dans leurs perceptions et vous aurez ainsi utilisé toutes les ressources narratives pour rendre vos personnages vivants.

Le cas particulier de l'autoportrait

Si l'histoire est racontée à la première personne et que votre narrateur est le héros de l'histoire, vous pourrez recourir à un autoportrait, ou au monologue intérieur de manière diffuse. Si ce procédé vous ennuie, il est possible d'utiliser les visions des autres personnages, de rapporter leurs paroles pour le donner à voir à votre lecteur.

Prenons un exemple : celui de Frédéric Dard, dans *Réglez-lui son compte*, le premier épisode de la longue série des tribulations du commissaire San-Antonio, voici comment il se présente dans l'incipit (première phrase du roman) :

« Si un jour votre grand-mère vous demande le nom du type le plus malin de la Terre, dites-lui sans hésiter une paire de minutes que le gars en question s'appelle San-Antonio ».

La suite du paragraphe donne le ton et dévoile un des travers du personnage, il adore s'autocomplimenter :

« Et vous pourrez parier une douzaine de couleuvres contre le Dôme des Invalides que vous avez mis dans le mille : parce que je peux vous garantir que la chose est exacte étant donné que le garçon en question c'est moi. »

Ces flux de conscience jubilatoires car drolatiques accompagnent toutes les actions et réflexions de ce personnage.

Le dialogue

Une conversation à deux ou à plusieurs ?

Le dialogue est un entretien entre deux personnages, constitué d'un ensemble de paroles échangées dans une pièce de théâtre, un film ou encore un récit. Il peut s'agir aussi d'un ouvrage en forme de conversation. Le dialogue existe aussi avec plusieurs personnages.

S'il est conçu pour faire converser deux personnages, au-delà, le changement de tirets ne suffit plus, et nécessite une forte caractérisation du personnage pour éviter la confusion. Insérez des descriptions et des indications comportementales afin que le lecteur sache sans effort qui parle.

Le dialogue consistant à rapporter des paroles : celles-ci sont placées entre guillemets, comme une série de citations. Les dialogues inclus dans un texte seront ouverts et clos par des guillemets. Les changements d'interlocuteurs seront marqués par des tirets (cadratins).

Le cas le plus fréquent consiste à faire débuter en alinéa le dialogue, annoncé par des guillemets ouvrants, puis à renvoyer en alinéa chaque répartie, précédés d'un tiret.

« Ma vue s'affaiblit, dit Irène.
– Prenez des lunettes, dit Esculape.
– Je m'affaiblis moi-même, continua-t-elle, et je ne suis ni si forte ni si saine que j'ai été.
– C'est, dit le Dieu, que vous vieillissez
– Mais quel moyen de guérir de cette langueur ?
– Le plus court, Irène, c'est de mourir comme ont fait votre mère et votre père. » *Les caractères*, La Bruyère, cité dans Le lexique des règles typographiques en usage à L'imprimerie Nationale.

Des paroles rapportées avec l'habileté d'un conteur

Le dialogue est une reproduction écrite d'une parole inventée, ou réelle, traitée de manière à la rendre crédible, en employant les signaux convenus de la parole, c'est-à-dire :

- une façon de parler (caractérisation du personnage)
- un comportement verbal : zézaiement, bégaiement, éloquence, ton employé…
- une communication non verbale : mimiques révélant une pensée, des émotions, une gestuelle, des éventuels déplacements traduisant par exemple la nervosité ou l'exaltation.

Ces signaux ne doivent pas devenir systématiques, ni répétitifs sous peine de lasser rapidement le lecteur. Leur utilité doit se vérifier afin de servir les intérêts de l'intrigue. Ces précisions facilitent la compréhension de la conversation et rendent perceptibles les enjeux sans tout dévoiler ni alourdir l'expression. Le caractère imprévisible de ce qui va être dit entre les personnages mérite d'être préversé.

La parole est le miroir d'un environnement, c'est-à-dire : une interaction avec un lieu, un milieu, un niveau d'éducation, un métier, des circonstances particulières dans lesquelles se trouvent les personnages. Elle intègre une manière particulière de parler (accent, vocabulaire, syntaxe riche, pauvre, abstraite, concrète) qui révèle une appartenance à un milieu social, une région…

Ces paroles rapportées ne le sont jamais d'une manière exhaustive, ni retranscrites dans leur état brut. Le langage parlé répond à d'autres codes. Il autorise les approximations et des ruptures inconcevables à l'écrit. La langue orale peut être en effet décousue, imprécise, hachée, bavarde, incorrecte, voire ambiguë. Aussi, lorsque la tonalité de la voix est supprimée du message, la signification des répliques peut devenir aléatoire. Par exemple le verbe remercier désigne à la fois l'action de licencier quelqu'un ou de lui rendre grâce ou encore de le couvrir de louanges.

Il n'est donc pas souhaitable de reporter les mots exactement comme dans la vie courante, ni d'être fidèle à la langue orale qui est constituée le plus souvent de phrases clichés, de platitudes, délivrées au fil de la pensée. Les informations essentielles sont noyées dans la masse d'informations secondaires pour les plus bavards ; quant aux bons mots, ils sont au demeurant assez rares. Il faut bien reconnaître que le sens de la formule n'est pas donné à tout le monde, que l'on ne croise pas des Michel Audiard à tous les coins de rue… Le manque de recul et de réflexion convient peu à l'écrit.

Le travail de l'écrivain est donc de façonner ces répliques afin de bâtir ses dialogues selon des règles de bon sens. En premier lieu en veillant à ce que ces paroles soient vraisemblables. Il s'agit d'accorder l'expression de la personnalités de chacun à la situation afin de rendre le caractère spontané, naturel, saisissant, approprié… de cet échange.

La quête de vraisemblance

Le niveau de langue requiert un choix délibéré de l'auteur. Il doit savoir quel effet il souhaite produire, et maintenir une certaine constance. Si vous décrivez une personne issue d'une classe aisée, elle s'exprimera en termes choisis, abusant de formules littéraires, rares ou précieuses. Si l'auteur oublie cette caractérisation dans le déroulement de son histoire, le lecteur pensera que ces paroles n'ont pas pu être prononcées par ce personnage, compte tenu de ce qu'il sait de lui.

Une harmonie est donc à rechercher entre le ton, les gestes, les intentions des personnages, le niveau de langue, le contexte de la situation rapportée, l'environnement et les interactions possibles avec les autres personnages au moment précis où intervient ce dialogue. C'est souvent l'instinct et l'élan de la création qui guident ces choix. Il convient donc de vérifier cette cohérence pour chaque dialogue.

Par exemple :

« Ça m'est complètement égal » et le verre qu'il tenait entre ses doigts se brisa.

Le geste vient contredire la parole, si ce n'est pas l'intention de l'auteur, une correction s'impose. A lui d'accorder la parole, le geste à l'émotion du personnage.

Le passage à l'écrit favorise la nuance et la modulation des propos. Songez aussi que votre lecteur a le temps de peser chaque mot et de relire…

Exemple de modulation
« Ça m'est égal ! » dit-il en insistant sur le dernier mot.

Comparez avec :
Il soupira, « ça m'est complètement égal !»

Vous sentez de vous-même dans le second exemple, une pointe de provocation et dans le troisième, de la résignation.

La fraîcheur de l'expression exclut les répétitions et les approximations

À l'oral, il est fréquent que les personnes répètent une information car il leur faut du temps pour faire construire leur réflexion. La répétition est inadmissible à l'écrit car l'auteur, lui, a le temps d'améliorer son propos.

En premier lieu, variez les verbes qui expriment la manière de parler, les fameux « dit-il ». Préférez des verbes plus concis, adaptés à une attention ou une émotion : murmurer, gémir, bégayer, zézayer, lâcher, souffler, etc. L'usage d'un dictionnaire de synonymes vous sera précieux.

Dans la langue parlée, celui qui parle utilise les premiers mots qui lui viennent à l'esprit. L'auteur lui doit retravailler cette matière brute pour exprimer les pensées avec plus de finesse, un vocabulaire varié et des termes choisis.

Gérez l'implicite et l'explicite

Si votre narrateur omniscient dit tout, révèle immédiatement les intentions des personnages et leur degré de sincérité, le texte sera certes facile à lire mais manquera rapidement de surprise. Il est donc important d'exercer une rétention sur certaines informations, pour les suggérer.

Il est possible de faire percevoir un état d'âme en opérant un transfert sur un objet, un paysage, une ambiance afin de le faire percevoir sans le nommer. Par exemple :

« Maddy ? *Ouvre-moi.*

Hé, Maddy : j'arrive.

La nuit. Une lune nette, d'une clarté absolue, un ciel déchiqueté de nuages. Elle a couru des heures – des centaines de kilomètres !

Elle entend les sirènes. On la poursuit.

Mais personne ne mettra la main sur elle, elle est trop futée et trop preste. » *Confession d'un gang de filles*, Joyce Carol Oates, Ed. Le livre de poche.

Dans ce dialogue, vous remarquerez que les deux premières répliques sont en italique, car ce n'est pas un vrai dialogue. Le personnage est seul et adresse une prière à une amie. L'évocation de la course de la lune durant des kilomètres induit l'intensité de ce désir de fuir et d'aller très loin.

À quel moment se servir du dialogue ?

L'introduction d'un dialogue dans un récit n'est jamais gratuite. Vos personnages prennent la parole pour demander quelque chose, négocier, infléchir une décision, faire réfléchir, faire parler, séduire, agir sur la conscience et la volonté d'autres personnages.

Le dialogue devient intéressant lorsque les personnages s'opposent et que le recours à la parole est devenu incontournable.

Un dialogue ne sert pas à informer mais à résoudre un conflit entre deux personnages.

Comme toute intrigue, le dialogue comprend un exposé du problème rencontré, un climax ou un moment culminant de crise et un dénouement heureux, malheureux, complet ou fragmentaire. Si ce dialogue est interrompu sans motif, l'auteur commet une erreur en laissant tomber subitement ses personnages.

Maîtrisez les trois types de dialogue

La grammaire française distingue trois types de dialogue :

- Le style indirect
- Le style direct
- Le style indirect libre

Le style indirect

Le narrateur rapporte les paroles en les prenant à son compte.

« Cependant les fées commencèrent à faire leurs dons à la princesse. La plus jeune lui donna pour don qu'elle serait la plus belle du monde. Celle d'après, qu'elle aurait de l'esprit comme un ange. La troisième, qu'elle aurait une grâce admirable dans tout ce qu'elle ferait. » *La belle au bois dormant,* Charles Perrault.

Le style direct

Le style direct est la forme la plus usuelle du dialogue.

« Cependant, les fées commencèrent à faire leurs dons à la princesse. La plus jeune s'avança d'abord et dit :
— Tu seras la plus belle du monde !
Celle d'après s'avança à son tour et déclara :
— Tu auras de l'esprit comme un ange !

Vint le tour de la troisième fée qui, se penchant sur son berceau, dit à la princesse :

— Tu auras une grâce admirable dans tout ce que tu feras ! »

Le style indirect libre

Ce style se situe à mi-chemin entre le style direct et indirect. Les marques de l'élocution disparaissent. La mise en scène est intégrée au texte. Ce style permet aussi d'entrer naturellement dans les pensées des personnages, sans interrompre le récit

« Cependant, les fées commencèrent leurs dons à la princesse en s'avançant successivement, chacune à leur tour, au-dessus du berceau. Elle serait, pour la première, la plus belle personne du monde. Pour la seconde, elle aurait de l'esprit comme un ange. Enfin, pour la troisième, elle aurait de la grâce dans tout ce qu'elle ferait. Toutes les trois furent émerveillées par le sourire du bébé. »

Ces exemples sont extraits de l'ouvrage de Louis Timbal - Duclaux, *Le travail Littéraire*, Ed. Écrire aujourd'hui

Quelques conseils d'auteurs

Jean-Claude Dunyach a établi sa liste de contrôle qu'il partage en ligne.

- Réduire au maximum le nombre des répliques
- La personne qui parle est la dernière à avoir agi (manière d'éliminer les «dit-il »).

Par exemple :
« Je ne sais pas comment rentrer chez-moi, dit Georgette
- J'ai deux places dans ma voiture, proposa Albert.

Peut devenir
« Je ne sais pas comment rentrer chez-moi, dit Georgette
Albert leva les yeux de la revue qu'il lisait :
- J'ai deux places dans ma voiture. »

- Le contenu des messages strictement utilitaires est «haïssable ». Le dialogue se doit de faire la lumière sur ce que pensent, sont réellement les personnages : « leur chair ».

- Caractériser le ton de chaque personnage. Pour caractériser le ton de chaque personnage, l'extraire du texte, l'inscrire sur une fiche à part pour le réécrire et le faire mûrir.

Vous pouvez vous aussi établir ce type de liste en relisant vos textes et ceux d'auteurs réputés afin d'agrémenter vos règles de composition d'un dialogue.

Élisabeth Vonarburg explique dans *Comment écrire des histoires*, Guide l'explorateur, Ed. La Lignée (Québec) que le dialogue de caractérisation révèle le personnage selon deux niveaux.

1er degré : le personnage parle de lui-même sur le ton de la confidence et devient narrateur de lui-même

2e degré : le personnage se trahit sans s'en rendre compte.

Ajoutons le niveau suivant :

- Ce que les autres personnes disent de votre héros.

Vous élargirez ainsi votre palette de procédés afin de gérer l'implicite, l'improbable, la suspicion.

Antoine Albalat, dans son manuel, *L'art d'écrire* en vingt leçons, Ed. Colin, énumère les qualités d'un bon dialogue :

- le mouvement
- la rapidité
- l'élégance
- la concision
- le naturel.

Afin de créer l'illusion du vrai, le dialogue ne comporte pas de phrases littéraires, mais des phrases courtes, coupées, haletantes, imitant la langue parlée. C'est la riposte rapide qui donne l'intérêt aux dialogues. À éviter : la bassesse, la trivialité, la brutalité. Cela donnera l'impression à votre lecteur d'être agressé.

À rechercher :
- Le caractère imprévu de la réplique
- La brièveté.

Jean Guenot, dans son *Guide pratique de l'écrivain avec des exercices,* définit également les critères d'évaluation d'un bon dialogue. En voici la synthèse :

Un bon dialogue est :
- rapide, bref
- s'inscrit dans le discours de la situation
- attire l'attention
- actualise les présences des personnages
- informe directement
- joue la discrétion
- pratique un jeu entre le rythme et la signification
- crée une émotion à laquelle le lecteur sera sensible
- fait entendre plusieurs voix
- tout n'est pas dit : cela doit permettre au lecteur d'interpréter
- permettre l'identification sans peine de celui qui parle
- va à l'essentiel et fait avancer l'action.

Le nerf du genre c'est la syntaxe. Le dialogue imprimé est bien plus court que le dialogue oral. C'est la réplique qui touche, fait mouche et incite à agir.

Évitez les verbes qualifiant le comportement de l'énonciateur

« Je suis kinésithérapeute, avoua-t-elle.
- Vous voyagez beaucoup ? s'enquit-il.
- Pas mal, minauda-t-elle.
- Vous aimez flirter ? questionna-t-il.
- Je sors rarement, soupira-t-elle.
- Vous vivez toute seule ? insista-t-il.
- J'habite chez ma sœur, elle est mariée, lui confia-t-elle.
- Le vice ne vous attire pas ? insinua-t-il
- Oh non, pas du tout ! s'écria-t-elle.
- On va bien voir ! éructa-t-il.
- Non ! s'égosilla-t-elle.
- Si ! tonna-t-il.
- Pitié ! glapit-elle.
- Je vous veux ! s'emporta-t-il.
- Pas sur la bou... n'eut-elle pas le temps d'achever. »

« Sucrez toutes ces annotations ; ils sont deux, quand ce n'est pas l'une qui parle, c'est autre ! » rappelle Jean-Guenot.

Gilbert Gallerne donne des conseils d'écriture dans *Je suis écrivain*, Guide de l'auteur professionnel, Ed. Ancrage, nous avons relevé ceux-ci.

« Ce que la vie quotidienne nous autorise, vous ne pouvez pas vous le permettre lorsque vous écrivez. En littérature, chaque mot compte, chaque phrase doit avoir son utilité. »

« Un bon dialogue vous permet donc d'apprendre des choses sur les autres personnages, et sur les événements qui se succèdent dans votre histoire. Il doit également vous permettre de faire connaître les personnages, de les montrer, de les différencier. »

« N'oubliez pas que le dialogue est le reflet du caractère du personnage : un homme d'action parlera avec des phrases courtes et précises, tandis qu'un intellectuel aura tendance à enrober ses réponses d'explications, de digressions... Un personnage timide s'excusera en permanence... »

Margery Allingham prodigue les recommandations suivantes dans ce recueil d'échanges de pratique entre écrivains, *Polar Mode d'emploi, Mystery Writers of America*, Ed. Ancrage

« La meilleure façon de vérifier vos dialogues est peut-être de les lire à voix haute, de sorte que ce qui sonne faux vous frappe immédiatement. »

« Un bon dialogue écrit, que l'on préfère naturel plutôt que brillant, est une forme idéalisée du discours tel qu'il aurait pu être formulé lors d'une scène réelle. Il est idéalisé dans la mesure où chaque personnage sait exactement ce qu'il a à dire et n'éprouve aucune difficulté à l'exprimer. Il écoute de façon intelligente son interlocuteur, sa réponse, se réfère exactement à ce qui vient d'être déclaré et, par son choix de mots, il ne brise pas le rythme qui seul peut créer l'illusion du son dans l'esprit du lecteur. Un personnage de roman policier parle comme personne dans la vie de tous les jours, ne semble capable de le faire, et il faut s'en tenir à cet axiome. »

Le monologue intérieur

Ce discours non prononcé d'un personnage développe ses pensées les plus intimes. La transcription de ces flux de conscience comporte toute forme de pensée : réflexion, intuition, rêve éveillé, interrogation, hypothèse, révélation, prise de conscience, réaction dissimulée, sentiment, raisonnement, projet… sont autant de manifestations d'une personnalité qui donnent matière à un monologue intérieur. Ce procédé est un outil incomparable pour caractériser le personnage. Il existe néanmoins une limite : le personnage ne peut s'expliquer à lui-même ce qu'il sait déjà. Si le personnage est aussi le narrateur de l'histoire, l'auteur devra faire évoluer son intrigue en utilisant d'autres procédés comme l'interaction avec les autres personnages afin de transmettre ces informations impossibles à glisser dans un monologue intérieur.

Le monologue intérieur peut prendre quatre formes

- Un flux de conscience du personnage à son attention sur le ton de la confidence
- Direct en s'adressant au lecteur
- Dramatique quand un personnage s'adresse à un autre par la pensée
- Disloqué quand le personnage pense à haute voix

Le monologue bien utilisé montre une transformation d'un état d'esprit consécutivement à un événement.

À voix haute, cette forme d'expression est réservée au théâtre. Si vous comptez l'utiliser dans un récit, il vous faudra le justifier aux yeux de votre lecteur car cette situation est très invraisemblable.

Les marqueurs du monologue

Le monologue se remarque par la disparition de traits formels : « absence de toute marque manifestant l'intervention de l'auteur – des relais narratifs que sont les habituelles introductions ou incises (« pensa-t-il », « se dit-il ») et même les guillemets – usage du présent comme temps dominant (le présent de la pensée qui se fait et par rapport auquel tout s'ordonne). [...] La ponctuation marquerait une intervention de l'auteur. Ainsi sont effacées toutes instances supérieures (discours du narrateur), toute intervention extérieure (discours sans destinataire. » *Dictionnaire des genres et des notions littéraires*, Ed. Universalis Encyclopédie.

Comment articuler le dialogue, le monologue intérieur et la voix du narrateur ?

Examinons dans cet extrait, *Le mort saisit le vif*, comment s'y prend Henri Troyat. Resituons tout d'abord le contexte de cette histoire. Le narrateur, Jacques Sorbier, a accepté une demande insensée de sa compagne Suzanne : prendre à son compte le premier et seul manuscrit de son défunt mari, Georges Galard, d'endosser non seulement la peau du mort, mais de vivre sa vie d'écrivain à sa place. La nouvelle met en scène les tourments de cet écrivain écrasé par le poids de cette personnalité omniprésente à laquelle il doit tout. Le narrateur se remémore le moment précis où il a commencé à accepter cette situation.

« J'étais navré de m'être désigné sottement pour cette corvée. Le spectacle de cette femme éplorée me soulève le cœur. Elle sanglote comme si elle satisfaisait un besoin physique. C'est vulgaire, abondant et monotone. Il a fallu toute l'insistance de mon père pour que j'accepte de me rendre à cette invitation.

— Ce doit être une femme très bien ! On ne connaît jamais trop de monde ! Il faut te montrer un peu, si tu veux qu'on t'épaule ! Je te prêterai une cravate grise et tu mettras des gants.

Il s'agitait, avec cette espèce de faiblesse exaltée, l'œil allumé, la moustache tendre. Il me tapota le dos :

— Ah si j'avais tes possibilités mon gaillard !

Quelques jours plus tard, une bonniche au visage construit de taches de rousseur m'introduisait dans le petit salon des Galard. »

Dans cet exemple, le narrateur est le héros de l'histoire. Ses interventions mettent en perspective les répliques du dialogue. La nuance est subtile : dès que ses sentiments inondent sa pensée, orientent sa conscience à reconsidérer les événements passés, il s'agit bien d'un monologue intérieur. À la fin du dialogue commence un nouveau paragraphe, le narrateur informe de manière factuelle le lecteur. Le glissement du monologue au narrateur tient à peu de chose : l'aveu d'un sentiment : « j'étais navré » suivi d'une confidence. Seule la teneur du propos peut donc faire la différence.

Il existe bien sûr d'autres procédés qui consistent à alimenter le texte de signaux non équivoques : « je me mis à penser soudainement à », associé à un souvenir, permet par exemple d'introduire un monologue.

Si le narrateur est distinct du héros, le procédé ne change pas. Un simple retour à la ligne peut suffire de marqueur et décrire ces flux de conscience qui animent un personnage.

Le récit des événements par un personnage

Lorsqu'un personnage raconte l'histoire, il devient le narrateur. Ce personnage n'est pas forcément le héros. Il peut s'agir d'un personnage secondaire comme dans *Le nom de la Rose* d'Umberto Ecco, d'un animal, par exemple Baxter (le film met en scène un chien), voire même d'un objet (Mémoire d'une table de Maxime Le Forestier) ou d'un élément d'un décor.

On parle alors **du point de vue** du personnage. Sa conscience est limitée à ce qu'il peut voir, entendre, comprendre, ressentir, percevoir. Celle-ci reste subordonnée à sa psychologie mais aussi à ce qu'il peut connaître de l'histoire. Il peut en effet être l'un des acteurs, un témoin ou encore en avoir une vue fragmentaire à la suite d'un récit qu'on lui a fait de ces péripéties. Il peut être aussi ignorant que le lecteur dans le cas d'une enquête policière, par exemple : il lui faut chercher qui a fait le coup, qui est le criminel pour obtenir le fin mot de l'histoire. Le personnage narrateur peut aussi avoir une vision fragmentaire de l'intrigue. Dans *Le grand Meaulnes*, d'Alain-Fournier, le narrateur et ami du Grand Meaulnes souffre de ses absences et de son esprit d'aventure. Sa vie s'arrête lorsqu'il s'en va. L'intrigue reprend véritablement avec le retour du héros.

Le narrateur peut être plus ou moins impliqué dans l'histoire. Par exemple dans la nouvelle d'Henri Troyat, *Le mort saisit le vif*, le personnage narrateur sonde son âme et explore tous les recoins de sa culpabilité, de sa cupidité, s'épanche à chaque page sur son infernale imposture afin d'en révéler sa douleur lancinante de ne pas vivre sa propre existence.

Le point de vue est d'autant plus intéressant qu'il s'enrichit de la personnalité du narrateur. Cervantes se moque par exemple de son Don Quichotte de telle manière que la lecture en devient jubilatoire.

À noter qu'un personnage narrateur ne peut pas aller sonder les pensées des autres personnages – sauf s'il dispose d'un pouvoir de télépathie avéré, ou de super pouvoirs…

Le récit d'événement par un narrateur

Le narrateur a la charge de raconter l'histoire à un lecteur en rendant compte des actions des personnages au sein de son environnement. Il assure ainsi la continuité du récit. Ses indications visent à clarifier des comportements et rendre intelligibles les différents éléments du récit. Il rend compte des évolutions de l'intrigue. Son talent réside dans la manière de raconter.

Le narrateur, dans le cas où il n'incarne pas un personnage de l'histoire, n'est pas forcément l'auteur mais « une voix qui raconte ». L'histoire rapportée n'est pas forcément la sienne. Sa présence et ses connaissances peuvent être modulées. Il peut être omniscient et tout contrôler et tout savoir ou, au contraire, être témoin du déroulement de l'histoire. Il se situe dans ce cas au même niveau que le lecteur, en racontant au fur et à mesure du déroulement des péripéties. Sa connaissance de l'histoire peut être fragmentaire comme un narrateur personnage.

Une écriture factuelle et distanciée laissera dans l'ombre les sentiments des personnages, ce qui n'empêchera pas le lecteur de les deviner en fonction du contexte et de l'évolution de l'histoire. Le lecteur s'identifiera d'autant plus au personnage que le narrateur s'absente. Plus encore, ce narrateur distancié peut donner son avis sur l'histoire, émettre des hypothèses qui pourront être démenties selon les évolutions de ses personnages.

Chaque positionnement définit le degré de liberté du narrateur. Seul le narrateur omniscient dispose de tous les pouvoirs. Les erreurs de cohérence se trouvent souvent à ce stade, lorsque le narrateur oublie sa position et révèle des informations qu'il ne peut pas connaître. Autre erreur fréquente : le changement de point de vue accidentel. Sauf s'il est intentionnel, comme dans le cas d'une écriture polyphonique, il révèle une erreur de débutant.

Le récit doit rester vraisemblable, même si l'histoire est imaginaire, déjantée, burlesque, votre narrateur devra malgré tout être crédible en utilisant des raisonnements logiques. Peter Pan vole grâce à la poudre de fée et aux pouvoirs des pensées agréables. Le lecteur a une explication ! Bien sûr il sait que ce n'est pas vrai, mais il peut se laisser aller, à se laisser porter par le récit car, au fond, le contrat tacite passé entre le lecteur et un auteur est le suivant : « Mens-moi, mais fais le bien ! ».

Toutes les astuces déployées pour déjouer la vigilance du lecteur seront perçues comme étant les marques du talent de l'auteur. Vous connaissez ces procédés : la fausse piste dans une enquête policière, un cours de théâtre, un détail passé presque inaperçu au début du récit qui aurait pu révéler le dénouement de l'histoire, la double lecture d'une même histoire… Par exemple, dans *Shutter Insland*. Le spectateur hésite à plusieurs reprises à considérer le héros incarné par Leonardo Di Caprio comme un inspecteur acharné ou un malade mental…

La manière de raconter une histoire est aussi importante que l'histoire elle-même.

Concevoir son recueil de nouvelles

Compiler en créant une unité et un intérêt de lecture

La solution la plus simple de créer un recueil de nouvelle est de compiler les nouvelles. Reste à savoir si l'ensemble sera intéressant. La première difficulté réside dans la présentation du recueil. Comment valoriser un ensemble hétéroclite sans donner l'impression qu'il s'agit de fonds de tiroir ? Il semblerait plus indiqué d'écrire des nouvelles sur une même thématique et de définir un fil conducteur, ce qui rapprocherait la nouvelle du roman.

Un roman dont les chapitres seraient des nouvelles est tout à fait envisageable si vous conservez vos personnages et que vous les faites évoluer autour d'une même problématique. De même, il est possible d'écrire ainsi les épisodes de votre roman feuilleton en faisant évoluer vos personnages dans un même environnement, ou en conservant un personnage récurrent, ou encore en faisant raconter un même événement par plusieurs personnages.

Si vous vous êtes lancé dans l'écriture de nouvelles sans penser à les regrouper dans un recueil, prenez le temps de relire toutes vos nouvelles en vous efforçant de trouver des points communs. Vous pourrez ainsi définir votre fil conducteur.

« C'est incontestablement le caractère disparate d'un recueil qui constitue l'un des principaux obstacles pour le lecteur, parce qu'il l'oblige plusieurs fois de suite à entrer dans une histoire qu'il doit abandonner au moment où il commence à s'y intéresser – et plus le recueil contiendra de textes, plus « l'épreuve » sera dure à supporter. Le lecteur préfèrera toujours une œuvre suivie comme le roman. » René Godenne, *La nouvelle de A à Z*, Ed. Rhubarbe.

Ce sentiment de continuité doit s'envisager idéalement avant l'écriture des nouvelles et nécessite de réaliser un séquencier. L'auteur peut choisir une thématique comme l'a fait Dominique Beck, illustrant à travers des histoires variées l'impossibilité de se comporter de manière rationnelle. Le plaisir réside dans la démonstration avec des récits qui amusent et interpellent le lecteur qui peut se reconnaître dans ces situations, et pourra aboutir à chaque fois à un seul et même constat : un désir irrationnel de vouloir tout contrôler. Cette répétition renforce la perception de ce fil rouge.

Cette méthode de composition, simple au demeurant, n'es pas si évidente à mettre en œuvre avec des nouvelles instant. instant. Elles ne comportent pas d'histoire à proprement dit. René Godenne cite Paul Arland, comme étant le premier à avoir réalisé ce type de recueil : « Le recueil se construit sur une unité d'ordre organique (chaque texte ne prend son sens que par rapport aux autres) ». Il cite aussi Paul Morand : « Chacune des nouvelles qui composent un recueil ne devrait être que la vue en perspective d'un sujet central capté sous un angle différent : ainsi l'idée motrice de l'ouvrage se trouverait aussi nettement cernée que par des chapitres de roman. » Ibidem.

Comment ordonner les nouvelles ?

Les nouvelles sont choisies en raison de leur pertinence afin d'illustrer le thème choisi, elles sont agencées judicieusement afin de créer un effet de progression, d'amplification qui laissera au lecteur une impression d'exploration grandissante, stimulant ainsi son désir de poursuivre. Le lecteur bénéficie ainsi de plusieurs niveaux de lecture. Le premier consacré à chaque nouvelle dans la plénitude de son développement, le second dans l'établissement de liens, d'analyse entre les différents textes retenus. Cet ordre de présentation génère un supplément de sens au recueil.

Cette cohabitation des textes suscite de nouvelles exigences d'écriture. Les répétitions de mots, d'idées ne seront pas seulement à éliminer dans chaque nouvelle mais sur l'ensemble du recueil. La succession des textes crée un rythme. Il conviendra d'éviter la monotonie et d'alterner les nouvelles courtes avec d'autres plus longues. Chaque nouvelle devra trouver sa place idoine dans le recueil, en affinant un parcours de lecture.

Doit-on traiter différemment les nouvelles courtes et les nouvelles longues ?

Isolée ou « mise en recueil », la nouvelle conserve ses caractéristiques. Selon Annie Saumont, spécialiste reconnue du genre. La nouvelle est un texte court avec une intensité dramatique forte, une chute définitivement fermée et des événements qui ne se racontent pas tous ; il revient au lecteur de reconstruire les passages manquants. Ce sont des œuvres qui n'autorisent aucune erreur, où chaque mot n'a qu'une place possible, celle qu'il occupe.

La nouvelle longue ne se confond pas avec le roman court : « elle se différencie dans sa construction et le choix des techniques narratives. Tout se résume à une ligne plus directe, plus nette, plus rapide dans la conduite des faits : on réduit les longues intrigues, on élague les interminables discussions, on minimise les descriptions, les nouvellistes se mettent bientôt à l'école des romanciers : ils conservent la technique romanesque, ne suppriment pas mais restreignent le nombre et les dimensions des « retours en arrière » et des récits des personnages secondaires. » Nathalie Grande, Université Michel-de-Montaigne - Bordeaux III. Source : https://www.cairn.info/article.php?ID_ARTICLE=DSS_02 2_0263#

Les quiz de L'esprit livre

Amusants et instructifs, ces quiz en ligne vous apporteront des réponses personnalisées.

> ➢ **Où en êtes-vous dans l'écriture ?**

Mesurez-vous aux plus grands écrivains et définissez votre profil d'auteur. https://esprit-livre.com/quiz/

> ➢ **Que voulez-vous apprendre dans l'écriture ?**

Évaluez vos priorités et définissez votre feuille de route pour réaliser vos objectifs. https://blog.esprit-livre.com/quiz-quoi-apprendre-dans-ecriture

> ➢ **Concrétisez vos projets**

Vous avez du mal à vous y mettre ou à terminer votre livre ? Vous manquez de technique ? Ce quiz vous aidera à mieux cerner les solutions à mettre en oeuvre. Si vous le souhaitez, vous pourrez recevoir nos conseils par téléphone, sans engagement de votre part.

https://esprit-livre.com/form-evaluation-projet-ecriture.php

Écrivez vos nouvelles en utilisant des consignes d'écriture

Une bonne manière de tester nos formations et de savoir si elles sont faites pour vous, est d'acquérir ce pack. Il comprend 22 exercices, la correction d'une nouvelle, une heure de restitution en visioconférence avec un écrivain.

Ces exercices font partie de la première année de formation d'écrivain de L'esprit livre. Dans le jargon des ateliers d'écriture, on parle de consignes. Celles-ci facilitent l'écriture des nouvelles en vous suggérant des thèmes, diverses techniques d'écriture, des exemples, de conseils d'auteurs réputés. L'ensemble de ces exercices forment une méthode.

En savoir plus : https://blog.esprit-livre.com/22-exercices-auteur-presse-de-publier

Partie 2
Échanges d'expériences

Pourquoi la nouvelle est-elle la meilleure école d'écriture ?

Si vous vous interrogez sur la manière de devenir écrivain, alors dites-vous bien que les plus grands auteurs ont appris leur métier en écrivant des nouvelles. Pourquoi les débutants s'obstinent-ils à faire leurs armes en écrivant un roman ? C'est exactement comme vouloir courir avant d'apprendre à marcher ! Vu l'ampleur de la tâche, le renoncement les guette. Cet article vous rappelle quelques évidences …

« La nouvelle n'a pas sa place à l'ombre du roman. Elle n'est pas, elle ne fut jamais un roman déshydraté. »
Constant Burniaux

La nouvelle : des bienfaits du sprint avant un marathon

On a tellement écrit sur la nouvelle qu'on pourrait en faire un roman. On a d'ailleurs souvent opposé les défauts de l'une aux mérites de l'autre, et inversement. Moquée par certains pour son prétendu manque de souffle, mais encensée par nombre d'écrivains célèbres ayant effectué leurs premières armes à l'abri de ce format plus ou moins court, la nouvelle rallie aujourd'hui presque tous les suffrages. Si la nouvelle était un sprint, il aurait préludé à bien des romans marathons. Il ne s'agira pas dans cet article de tenter d'apporter une énième définition à ce genre, mais d'en considérer tous les bienfaits pour qui souhaite devenir écrivain.

Écrire court n'empêche pas de voir loin

Parce qu'on n'écrirait pas un pavé d'un millier de pages, notre pensée s'en trouverait pour le coup raccourcie ? Et par là notre talent amputé ?

La nouvelle n'est pas réservée aux esprits restreints, loin de là. Les plus doués peuvent s'y casser les dents, tant l'exercice consistant à concentrer son propos en quelques pages est exigeant. Plus le trajet à accomplir sera bref, plus on devra veiller à ce qu'aucun de nos pas ne morde le bas-côté de la route.

La nouvelle interdit l'éparpillement, c'est aussi simple que ça. Quand le roman peut nous accorder quelques flux verbaux, chaque mot est compté lorsqu'on vise l'essentiel. Sans être économe, un bon nouvelliste doit avoir le gaspillage textuel en horreur. Le refuser de tout son être.

La nouvelle comme le plus rigoureux des apprentissages

Pour les sceptiques estimant qu'on ne rend grâce à l'écriture qu'en de grandes envolées, je propose de lire ceci :

« Je l'attendais et il y avait du vent. Les enseignes en fer grinçaient, les feuilles et les vieux bouts de papier faisaient, en glissant sur le trottoir, un bruit plaintif. Il y avait aussi du vent en moi ce soir-là, il ballotait mon âme de-ci de-là et je ne comprenais pas ce qui m'arrivait [...]. »

Cet extrait est tiré d'une nouvelle de Dino Buzzati, *Le vent*, d'environ six pages et demie. On apprend l'art de la concision en lisant les nouvelles des meilleurs auteurs. Là, cette personne qui attend nous apparaît, par une habile comparaison, soumise à un événement météorologique le ramenant au vacillement de sa conscience. Il souffle en lui de telles incertitudes que son esprit titube. C'est dit sans fioritures et, pourtant, l'image est d'une puissance telle qu'elle marque le lecteur.

Voir chaque fin de paragraphe comme une cible

La nouvelle a ceci de particulier qu'elle nous contraint à faire mouche à chaque ligne. C'est un fauteuil aux accoudoirs trop rapprochés pour qu'on puisse y prendre ses aises. Oui, la nouvelle est inconfortable. C'est en partie pour ça qu'elle affûte si bien notre plume.

Être à l'étroit dans sa narration nécessite, pour ne pas s'y enfermer, des contorsions intellectuelles aptes à révéler des trésors de débrouillardise dans notre façon d'écrire. En cela, la nouvelle se révèle la meilleure formatrice du style qu'on adoptera lorsqu'il s'agira d'enchaîner des paragraphes au long cours.

Tomber d'une falaise intellectuelle

Si toutes les nouvelles ne sont pas « à chute », j'avoue ma préférence pour celles en proposant une. Pourquoi ? Parce que la chute détermine toute la construction qui la précède. Soit la nécessité de penser certaines phrases comme des clefs qui ouvriront au lecteur, une fois analysées, la compréhension d'un tout. C'est un sérieux plus quand vient le moment d'étaler une intrigue sur 200 ou 400 pages. On pourra en effet reproduire les mécanismes élaborés à une petite échelle jusqu'à leur conférer une dimension autre. Et se jeter avec confiance de la falaise au bas de laquelle nous attendent les eaux froides du jugement d'autrui.

La vivacité du trait dans une nouvelle : pan, pan, pan !

On ne se répand pas, dans une nouvelle. J'ai, plus haut, parlé de cible. Songez que votre fusil à la culasse pleine d'encre ne tirera qu'un coup, d'un paragraphe à l'autre. Une idée : pan ! Un rebondissement : pan ! Un indice : pan ! Votre pensée, ramassée dans cette fulgurance, devra en une ligne frapper comme une balle. C'est l'esprit vif que vous bousculerez votre lecteur. Ce qui est bref est explosif.

La nouvelle, ce subtil étouffement

Une nouvelle réussie représente une vraie performance. Pour qu'elle le soit, se montrer subtil est une condition *sine qua non*. La subtilité, dans ce genre, revient à fournir la juste dose d'oxygène à notre lecteur qu'on aura pris soin de plonger dans cet espace littéraire où l'air peut arriver à manquer. Là où le roman possède le luxe de dispenser de grandes respirations, la nouvelle, même dans le cas d'une extrême légèreté, essaie de provoquer un sentiment de sidération qu'on peut rapprocher d'une suffocation.

C'est à sa capacité de prendre son lecteur à la gorge qu'on reconnaît un nouvelliste de talent. Qu'on cherche à provoquer après le point final un éclat de rire ou un « Oh ! » de stupeur, un sourire complice ou un frisson de dégoût, la finesse est de mise. Non pas qu'elle soit absente des romans, bien entendu, mais la nouvelle nous amène à davantage de prises de risques à ce niveau-là. Elle est au roman ce que la guérilla est à la guerre.

En guise de chute…

Histoire de m'auto-plagier, et surtout pour terminer sur un clin d'œil, je vais rappeler ma définition de cette écriture de poche : « La nouvelle est un genre mineur, car elle va au fond des choses. »

Veuillez m'excuser si cette fin n'est pas terrible, mais une chute est toujours casse-gueule…

Aimeriez-vous apprendre à vous motiver pour écrire ?

Ceux qui réussissent brillamment dans ce qu'ils entreprennent, qu'importe le domaine où leurs compétences s'exercent, ont au moins un point commun : une motivation qui ne faiblit jamais. L'écriture n'échappe pas à la règle. Seulement, il n'est pas évident d'être en permanence déterminé à noircir des pages. Il est plus que rare que quelqu'un se tienne constamment derrière nous pour nous applaudir chaque fois où on parvient à boucler un paragraphe de bonne facture. Aussi je vous propose d'effectuer un petit tour d'horizon de moyens susceptibles de débloquer certains freins.

Pourquoi on doit renoncer au renoncement

On l'a tous connu, ce moment où la blancheur de la page semble être un désert sans fin. On pourrait le survoler de nos pensées des heures durant sans que la moindre oasis apparaisse, la déshydratation intellectuelle asséchant notre plume, faisant que l'on renonce.

Renoncer ? Vraiment ?

Ah non, hors de question de passer une journée sans coucher quelques lignes sur le papier !

À moi, conte, deux mots.

J'emprunte à Corneille en la détournant une fameuse réplique du *Cid* (Don Rodrigue et le comte s'en remettront) afin de souligner l'importance pour les conteurs que nous sommes de s'obliger à griffonner, symboliquement parlant, au moins deux mots sur un coin de page. Et ce du 1ᵉʳ janvier au 31 décembre.

Être les culturistes de la culture

Quand l'inspiration n'est pas au rendez-vous ou que l'envie de s'y mettre est plus que timide, il faut quand même écrire. Pourquoi ? Vous connaissez bien sûr la réponse : les biceps de l'écriture se gonflent à la seule condition qu'ils soient sollicités chaque jour. Et il s'agit d'être costaud si l'on veut mener son projet littéraire à bien.

Réfléchir à sa motivation pour motiver sa réflexion

Se motiver pour écrire vous semble peut-être une démarche un rien abstraite faute d'avoir les bonnes raisons ou les méthodes idoines afin de parvenir à franchir le cap d'une lassitude passagère.

On s'arrête peut-être trop peu souvent sur ce qui déclenche notre volonté d'écrire. Quand cette envie nous fait subitement défaut, on ne sait donc pas forcément quels leviers activer afin de relancer la machine. Sans que cela résolve tout, on sera moins démuni face à une motivation en berne si on réussit à s'expliquer pourquoi elle l'est.

C'est pourquoi je vous suggère six points pour aller de l'avant.

Je vous les présente sans ordre particulier, l'un ou l'autre pouvant éveiller un écho différent selon les personnes qui me liront.

Six points pour aller de l'avant

1) Ne soyez pas celui qui est passé à côté d'une idée géniale

Le jour où vous n'écrivez pas est celui où vous risquez de perdre à jamais une très bonne idée. Gardez ça à l'esprit. Considérez tout ce qui vous échappe par flemme, désabusement ou en vous réfugiant derrière de fausses priorités – la base de la procrastination. Rien qu'envisager la possibilité de trouver ne serait-ce qu'une seule phrase qui fasse mouche est encourageant, n'est-ce pas ?

Une phrase. Ce n'est pas si compliqué.

Il est plus que probable qu'avec un peu de persévérance, vous parviendrez à l'élaborer dans ce qu'elle a d'unique. Ce jour-là et pas un autre.

2) Imprimez à votre écriture un mouvement perpétuel

Cesser d'écrire un seul jour, c'est briser une dynamique. Cela nous oblige à retrouver un élan qui nous était devenu naturel et qui d'un seul coup réclame un surcroît d'énergie et une concentration à remobiliser. Pourquoi s'infliger des efforts supplémentaires quand il est si facile de se les épargner par le seul fait d'être constant ?

On sait combien il est compliqué de trouver un rythme lorsqu'on écrit, et par conséquent comme il est primordial de le conserver. Prendre le risque de dérégler sa cadence de travail est plus que regrettable au regard de ce qu'il suffit d'accomplir pour la maintenir.

Quand on mesure l'effort somme toute minime à fournir et le bénéfice immense qu'on en retire, il devient subitement plus aisé de surmonter un moment de découragement, pensez-y !

3) Offrez à votre talent ses plus belles victoires

Paul Morand a un jour dit : « Je n'aime pas écrire. J'aime avoir écrit. », ce qui est une excellente formule. Elle traduit pour chacun d'entre nous, selon les périodes, une réalité : parfois, on peine tellement pour aligner une dizaine de mots qu'on ne ressent pas la jubilation habituelle de mettre notre pensée en forme, et seule subsiste la satisfaction du résultat.

Cependant, à la suite de Morand, j'ai appris à me dire : « Je n'aime pas ne pas avoir écrit. » Il faut que cela devienne une frustration lorsque cela arrive. Mais une frustration positive, si j'ose dire.

Comme les sportifs de haut niveau dominant leur discipline, ayez la haine de la défaite : ne pas écrire en est une que l'on inflige à son talent.

4) Lisez ce que vous aimeriez écrire

Un procédé conseillé par des écrivains de renom pour transformer nos neurones paresseux en des rouages d'une redoutable efficacité consiste, avant de s'atteler à la tâche, à lire ou relire des passages de nos auteurs préférés, ceux qui d'ordinaire nous inspirent.

Ceux qui nous ont inoculé le virus de l'écriture.

C'est une manière comme une autre de se sentir accompagné dans cet acte par nature si solitaire. Comme si l'espace de quelques minutes, on nous prenait par la main pour nous guider vers les contrées fécondes de la création.

Les autobiographies d'écrivains sont à ce titre de vraies mines d'or pour un auteur en herbe commençant à désespérer de dénicher le bon filon. En dehors des astuces évoquées par ces professionnels aguerris pour progresser à tous les niveaux, la vision qu'ils ont de leur métier est précieuse.

Lire pour garder en permanence le goût d'écrire vous paraît d'une simplicité suspecte ? Essayez ! Il n'y a rien d'autre à redouter de cette pratique que votre étonnement de découvrir qu'elle fonctionne.

5) Tendez devant vous le miroir de votre destin

Un moteur puissant à ne pas négliger pour vous mettre en mouvement quand l'envie n'est pas au rendez-vous : pensez à ce que deviendra votre existence quand vos efforts seront couronnés de succès. Quand vous serez publié.

Je ne parle pas de devenir millionnaire, même s'il n'est évidemment pas désagréable d'assurer son avenir financier et de vivre dans un certain confort par la seule grâce de son imagination. Bien sûr que ça compte.

Mais tout aussi important, si ce n'est plus, c'est le reflet que vous renverra votre miroir après ça. Pas celui de votre salle de bains : votre miroir mental. L'éclat nouveau dont bénéficiera votre personnalité et dont vous pourrez vous féliciter chaque jour de votre nouvelle vie.

Cerise sur le gâteau, la fierté que vous lirez dans le regard de vos proches. Celles et ceux qui ont toujours cru en vous. Votre récompense sera aussi la leur. Cela vaut le coup de se faire un peu violence, pas vrai ?

6) Songez que ne pas écrire n'empêche pas de réfléchir

Si toutefois vous êtes vraiment dans un jour sans, mettez-le à profit pour travailler sur ce qui, dans votre écriture, nécessite d'être amélioré. La documentation dans le domaine est pléthorique, aussi vous aurez matière à cogiter. Vous ressortirez conforté dans cette démarche, simplement parce qu'elle vous ouvrira de nouvelles perspectives.

Quand on acquiert une nouvelle technique, on est pressé de la mettre en œuvre. D'ailleurs, n'avez-vous déjà pas hâte de noter quelques idées ?

N'attendez pas le huitième jour

Bien sûr, en vous soumettant ces conseils, je ne prétends pas qu'ils conviendront *tous* à chacun d'entre vous. Mais si l'un ou l'autre, voire une combinaison de plusieurs, pouvait vous permettre de franchir l'obstacle, vous et moi n'aurons pas eu ce petit échange en vain.

Je précise pour finir que je ne me pose pas en donneur de leçons quant au sujet de la motivation : par le passé, il m'est plus que souvent arrivé de remettre mes bonnes intentions d'écrivain au huitième jour de la semaine. Un jour auquel le Créateur, quel qu'il soit, n'a jamais jugé utile de consacrer une seule seconde de son temps. Par manque de motivation, sûrement…

Comment se dépasser dans l'écriture ?

L'écriture joue un rôle essentiel dans le développement personnel. Elle sollicite notre cerveau de bien des manières : la pensée, l'expression, le raisonnement, l'imagination, la mémoire, la sensibilité... à une condition : que la personne accepte la critique pour changer. Un cheminement qui conduit au dépassement de soi. Une étape délicate...

Aller à la rencontre de sa propre réalité

Comment se dépasser dans son écriture ?

Écrire est en soi un dépassement. Ce n'est pas tant le fait de raconter une histoire qui représente une gageure (bien que ce soit tout sauf simple), mais l'investissement que cela nécessite.

S'il nous est naturel d'imaginer toutes sortes de scénarii au cours de notre existence, et ce presque en permanence, il n'y a aucune évidence à se découvrir un talent d'écrivain. Entre nos vies rêvées et l'idée d'en faire un objet littéraire, il y a un fossé où nos compétences en la matière stagnent plus ou moins longtemps.

Le point commun à tous nos savoir-faire

Nos dispositions pour l'écriture, notre capacité à les mettre en œuvre et à les exploiter au mieux, le moment où survient la décision de se consacrer à cet art, la raison de ce choix sont autant d'étapes et de clés définissant en partie quel écrivain on deviendra peut-être. Si chacune de ces phases a sa spécificité, elles ont en commun de réclamer ce dont on parle peu dans le domaine littéraire : le dépassement de soi.

De la motivation au dépassement de soi

J'avais listé il y a peu six moyens permettant de trouver la motivation pour écrire, mais d'une certaine façon, cela revient seulement à tourner la clef de contact. Comment faire pour que le moteur s'emballe ? Où trouver l'énergie pour être toujours pied au plancher ?

Avoir des coups de mou quand on s'attelle à la tâche est normal tant sont nombreux les facteurs pouvant agir sur notre forme du moment. Mais lorsqu'on est en pleine possession de ses moyens, on doit à soi-même autant qu'à son lecteur de donner notre maximum. Comprenez : plus encore que ce que l'on attend de nous.

Dans un sport collectif, quand un joueur produit davantage d'efforts que son poste en réclame, on utilise une expression me semblant parfaitement correspondre à ça : le dépassement de soi !

En faire plus sans en faire trop

L'idée d'aller au-delà de ce dont on pourrait se contenter est difficilement applicable si on ne réfléchit pas au meilleur chemin à emprunter. On ne sait pas toujours quelles capacités mobiliser afin de parvenir à se sublimer.

Il ne s'agit pas de surexploiter l'un de nos points forts au détriment d'un autre, espérant que ça suffise pour obtenir un résultat éblouissant. Ni de se mettre fiévreusement en mode écriture automatique en comptant sur l'irruption d'un talent miraculeux jusqu'alors ignoré. Et encore moins de surcharger sa prose d'un tombereau d'adjectifs ou autres adverbes dans l'illusion d'un génial remplissage.

Non.

On doit appréhender quelles ressources accessibles, et n'étant pas de l'ordre du fantasme, sommeillent en nous.

Comprendre le processus du dépassement de soi

Comment la créativité s'inscrit dans le temps

Il faut donc avant tout prendre conscience de son potentiel créatif, et se dire qu'il n'est pas figé dans ce qui par le passé a pu nous apparaître comme un accomplissement. Un texte dont on est particulièrement fier, par exemple, et qui quand on le relit avec une certaine nostalgie, semble un inatteignable moment de grâce.

Il n'est rien de pire que de se rassasier d'un texte réussi sans voir plus loin que le plaisir qu'il nous procure. Il faut se nourrir de nos succès, pas qu'ils nous coupent l'appétit. Et c'est bien ce qui arrive si l'on ne parvient pas à digérer son propre talent.

Le surpassement dans l'écriture passe par le détachement

La compréhension d'avoir réalisé une œuvre de qualité doit entraîner la certitude qu'on est capable de faire mieux, pas le sentiment d'un achèvement. Pour cela, il faut s'en détacher, sans quoi on éprouvera bien des difficultés à s'améliorer.

L'esprit se fixe avec plus de facilité sur un travail fini que sur une histoire restant à écrire, car la contemplation de soi ne nécessite aucun effort. Au contraire, c'est l'activité favorite des paresseux qui un jour lointain se sont fait violence !

J'en suis venu à ce constat à une époque de ma vie où relire mes anciennes nouvelles me semblait un exercice tant confortable que profitable. Rassurant, même. Enfin, j'allais bien retirer de nouvelles recettes d'une prose aussi brillante, non (l'objectivité et la subjectivé sont d'égal à ego dans ces cas-là) !

Eh bien, encore non. Ce n'était pas la bonne stratégie.

Je prenais de l'élan ligoté à mes anciennes créations par les robustes câbles de mon autosatisfaction. Il serait inutile de préciser où ça m'a un temps mené si l'écrire en toutes lettres ne me semblait pas plus percutant : dans un cul-de-sac.

Larguez les anars !

Notre pensée devient vite anarchique – dans le sens bordélique – quand elle ne repose que sur une structure d'où la remise en question est absente. On le sait, au cours d'un apprentissage, le fait de ne pas avancer ne conduit pas à la stagnation, mais à la régression. Aussi convient-il, si l'on souhaite se surpasser, de larguer les amarres avec une partie de nous-même bien qu'elle ait généré des effets viables lors d'une période donnée. Plus prosaïquement, on appelle ça le développement.

Du développement personnel au dépassement de soi

Progresser dans son écriture passe par un refus de l'immobilisme cognitif jusqu'à notre dernier souffle. Ne croyez pas une seule seconde qu'il puisse en être autrement. Se dépasser, c'est constamment être en mouvement afin de laisser derrière nous les lacunes de celui que nous avons été.

Bien sûr, nous possédons toutes et tous un socle de connaissances et de techniques plus ou moins solide selon les efforts fournis depuis nos débuts dans le rude métier d'écrivain. Mais il ne faut pas se reposer trop longtemps dessus.

N'oubliez pas que ce sont les statues qu'on trouve le plus souvent sur un socle.

Question immobilisme, ça se pose là !

Comment rédiger un bon pitch ?

Le pitch exprime une histoire et son intérêt en quelques mots. Il sert aussi à structurer une intrigue et à vendre ensuite son texte à des lecteurs. Peu importe d'ailleurs la longueur du texte auquel il se rapporte, de la phrase au roman-fleuve, le pitch est précieux dans la phase de préparation de votre écriture.

Avant de se lancer dans de longs développements, le pitch vous économisera bien des efforts et des égarements. Il vous stimulera dans la conception d'histoires originales, défi que doivent relever tous les écrivains afin d'être lus.

L'exercice est difficile, car il exige d'être bref, concis, simple et expressif. Ces exigences supposent de s'exercer régulièrement pour acquérir cette tournure d'esprit. L'entraînement aiguisera votre sens critique et vous aidera à rédiger facilement des pitchs passionnants.

Qu'est-ce que le pitch au juste ?

Examinons cette citation extraite de Wikipédia :

« Le pitch, mot anglais tirant son origine de sales pitch (argument commercial), est la synthèse d'un récit, d'une œuvre de fiction, à travers une phrase ou un petit paragraphe. C'est l'argument, le ressort dramatique, ou encore l'accroche, parfois destiné à vendre un script à un producteur. C'est également un outil d'écriture servant à échafauder une intrigue.

Les utilisateurs d'expression anglaise distinguent le *tagline pitch*, qui se rapproche du slogan, du *one line pitch*, qui est la ligne directrice ou le résumé du récit en une phrase. En France, l'expression est parfois utilisée dans les médias audiovisuels pour désigner un résumé ou un court synopsis (exposé succinct de l'histoire). Ces définitions ne sont pas satisfaisantes. Leur imprécision provoque des confusions.

Qu'est-ce qu'un pitch au juste ?

- Un pitch n'est pas strictement un résumé dans le sens où il ne se limite pas à l'idée essentielle de l'histoire, ou encore à une étape du récit.

- Un pitch n'est pas uniquement une accroche visant à capter l'attention et l'intérêt du lecteur, en lui fournissant une introduction courte et attrayante d'un sujet, en lui donnant une information clé sur un sujet qui l'intéresse.

- Un pitch n'est pas qu'un slogan ou quelques phrases martelées afin de suggérer une marque comme « Caprice à deux, caprice des Dieux »

- Un pitch n'est pas non plus qu'une formule percutante telle que pourrait l'être une citation ou encore un trait d'esprit.

- Le pitch ne se réduit pas non plus à un argument commercial pur, soit une caractéristique d'un produit ou d'un service lié à un avantage d'utilisation pour le consommateur. Par exemple L'Ipod : quelques grammes de technologie dans votre poche, des centaines de musiques à écouter.

Mais un bon pitch possède toutes ces qualités :

- Il capte l'attention immédiatement.
- Il intrigue par une situation inhabituelle.
- Il enflamme l'imaginaire de votre lecteur par son intérêt.
- Il suscite des questions et éveille la curiosité.
- Il surprend, car la question traitée est originale.
- Il pose un problème intéressant, divertissant, inédit.

Bref, il ne faut pas confondre les effets provoqués par un bon pitch avec le mécanisme narratif, conçu de manière si simple qu'il peut s'énoncer en quelques mots. Ce qui manque ici aux auteurs, ce n'est donc pas une liste d'effets à produire, mais d'un mode d'emploi pour parvenir à générer le processus dynamique de l'histoire.

L'esprit livre, dans ses formations, s'est attaché à des définitions plus rigoureuses. Yves Lavandier dans *Construire le récit,* permet en effet de sortir de ces approximations avec la notion de pitch dramatique. Ce dernier lance l'histoire.

Ce que doit contenir le pitch : les pièces détachées du moteur de l'histoire

- Le protagoniste ou le héros
- L'objectif de votre personnage principal, sa motivation à agir
- Un enjeu lié à son objectif qui crée des tensions
- Un obstacle

La formulation du pitch

Sa formulation possède une structure, cette formation est empruntée à Yves Lavandier

- Dans telle situation
- À la suite de tel élément déclencheur
- tel personnage
- se bat contre tels obstacles

La rédaction du pitch

Il s'agit ici d'articuler l'idée, la structure et la formulation. Même si vos pitchs présenteront la même marque de fabrique au début, en suivant le modèle proposé par Yves Lavandier, vous êtes sûr de ne rien oublier.

Avec un peu plus d'assurance, vous pourrez modifier l'ordre des ingrédients du pitch afin d'accentuer le relief de votre expression.

Exemple de pitch

« Dans le but d'attraper un tueur en série cruellement inventif, une stagiaire du FBI prend le risque de consulter un psychopathe manipulateur et encore plus dangereux (« Le silence des agneaux »).

L'obstacle, le cœur de tout récit

Ce qui vous pose souvent des difficultés est de définir des obstacles, des situations dramatiques que devront affronter vos personnages. L'obstacle surgit quand le personnage est soumis à un changement de sa situation. L'incident déclencheur est porteur de la mauvaise nouvelle qui va faire agir votre personnage. Le conflit résulte d'une tension dramatique entre ce que souhaite votre personnage (son objectif) et l'évolution de la situation à laquelle il est confronté. Vous trouverez ci-dessous quelques exemples d'obstacles.

Un paradoxe

L'or de Blaise Cendrars. Le Général Suter, parti de Suisse où il était poursuivi par la police, traversant la France en y commettant quelques larcins pour survivre et se payer son voyage, débarque en 1834 à New York. Il traversera les États-Unis, s'établira en Californie pour devenir l'homme le plus riche du monde et sera ruiné par la découverte de mines d'or sur ses terres.

Le coup de théâtre

« Un braqueur professionnel décidé de se ranger est pris en otage par un braqueur amateur. Il se bat pour prouver son innocence. » *Les fugitifs*, de Francis Veber avec Gérard Depardieu et Pierre Richard.

Une impossibilité contre nature, un comble. Ne pas avoir d'odeur personnelle alors que l'on s'apprête à devenir un concepteur de parfum renommé : *Le parfum*, de Patrick Suskind.

- Ne plus réussir à effrayer une famille d'Américains si matérialistes lorsque l'on est un fantôme : *Le fantôme de Canterville*, d'Oscar Wilde.

- Rétrécir inéluctablement jusqu'à devenir une proie pour une araignée : *L'homme qui rétrécit* de Richard Matheson.

Revisitez votre bibliothèque et vous pourrez élaborer une liste de toutes les difficultés de vos héros préférés. Si vous avez des problèmes à trouver des obstacles, nous vous recommandons la lecture de *La dramaturgie, le mécanisme du récit*, Yves Lavandier Ed. Le clown et l'enfant.

Vous pourrez constater que ces obstacles sont plus ou moins angoissants, urgents. La situation peut générer également sa part de suspense. Il existe dans ce domaine un concept encore plus fort que l'obstacle : le high concept.

La dramatisation extrême de l'obstacle : le high concept !

Le « high concept » s'applique à un sujet fort qui fait saliver. La tension dramatique devient extrême. Par exemple :

« Un policier se bat pour neutraliser la bombe qui se trouve à bord d'un bus et qui explosera si le bus roule à moins de 80 km/h. (...) »

« Attention, développer un high concept est aussi difficile, si ce n'est plus, qu'écrire un sujet en apparence banal. Pour deux raisons. D'abord, le high concept crée une attente chez le spectateur, ce qui rend celui-ci plus exigeant. Ensuite, si le high concept vous fournit d'emblée quelques scènes fortes, il faut arriver à insérer ces scènes dans un ensemble organique. » *Construire le récit*, Yves Lavandier, Ed. Le clown et l'enfant.

Inspirez-vous des 36 situations dramatiques de Polti

Selon la théorie de Georges Polti (1867-1946), il existe, pour tout type de scénario, 36 situations dramatiques de base.

1) Implorer : un personnage en péril implore qu'on le tire de l'embarras.

2) Sauver : un personnage se propose pour en sauver un ou plusieurs autres.

3) Venger un crime : un personnage venge le meurtre d'un autre personnage.

4) Venger un proche : une vengeance au sein d'une même famille.

5) Être traqué : un personnage doit s'enfuir pour sauver sa vie.

6) Détruire : un désastre survient, ou va survenir, à la suite des actions d'un personnage.

7) Posséder : un désir de possession (un bien, un être, etc.) contrevenu.

8) Se révolter : un personnage insoumis se révolte contre une autorité supérieure.

9) Être audacieux : un personnage tente d'obtenir l'inatteignable.

10) Ravir ou kidnapper : un personnage kidnappe un autre personnage contre sa volonté.

11) Résoudre une énigme : un personnage essaie de résoudre une énigme difficile.

12) Obtenir ou conquérir : un personnage principal essaie de s'emparer d'un bien précieux.

13) Haïr : un personnage voue une haine profonde à un autre personnage.

14) Rivaliser : un personnage veut atteindre la situation enviable d'un proche.

15) Adultère meurtrier : pour posséder son amante, un personnage tue son mari.

16) Folie : sous l'emprise de la folie, un personnage commet des crimes.

17) Imprudence fatale : un personnage commet une grave erreur.

18) Inceste : une relation impossible entre proches.

19) Tuer un des siens inconnus : un personnage tue un proche sans le savoir.

20) Se sacrifier à l'idéal : un personnage donne sa vie pour un idéal.

21) Se sacrifier aux proches : un personnage se sacrifie pour sauver un proche.

22) Tout sacrifier à la passion : une passion se révèle fatale.

23) Devoir sacrifier les siens : pour un idéal supérieur, un personnage sacrifie un être proche.

24) Rivaliser à armes inégales : un personnage décide d'affronter un autre plus fort que lui.

25) Adultère : un personnage trompe un autre personnage.

26) Crimes d'amour : un personnage amoureux s'égare et commet un crime.

27) Le déshonneur d'un être aimé : l'être aimé se livre à des activités répréhensibles.

28) Amours empêchées : un amour est entravé par la famille ou la société.

29) Aimer l'ennemi : un personnage en aime un autre même s'il est son ennemi.

30) L'ambition : un personnage est prêt à tout pour concrétiser son ambition.

31) Lutter contre Dieu : un personnage est prêt à affronter Dieu pour assouvir son ambition.

32) Jalousie : mépris et jalousie amènent un personnage à poser des actes regrettables.

33) Erreur judiciaire : un personnage est injustement accusé et condamné.

34) Remords : rongé par la culpabilité, un personnage a des remords.

35) Retrouvailles : après une longue absence, des personnages se retrouvent ou se reconnaissent.

36) L'épreuve du deuil : un personnage doit faire le deuil d'un personnage aimé.

Comment vérifier que vous tenez un bon pitch ?

Toujours selon Yves Lavandier, un pitch doit résumer l'action et non le sens du récit. Il ne contient ni l'intention de l'auteur, ni le résultat final. Voici une liste de critères qui vous permettra d'évaluer la pertinence et la formulation de vos pitchs.

La cohérence

- L'objectif du personnage doit être en rapport avec sa psychologie

- Le conflit doit être important, saisissant, inhabituel

- Tous les éléments du pitch doivent être liés logiquement et susciter une action claire de votre personnage. « C'est parce qu'il y a un lien logique entre protagoniste, incident déclencheur et objectif que le pitch est un outil si précieux. Il aide le spectateur à comprendre les motivations du protagoniste. » Yves Lavandier.

La simplicité de votre intrigue

Le problème rencontré par votre héros doit être présenté en moins de 20 mots. Si ce n'est pas le cas, votre sujet n'est pas assez mûr. L'excès de détails est un signe qui ne trompe pas : vous n'avez pas défini votre sujet, ni délimité ses contours. Souvenez-vous de cette citation d'Albert Einstein : « Si vous ne pouvez pas vous l'expliquer simplement, c'est que vous ne le comprenez pas suffisamment bien. »

L'expression

- Claire, précise, concrète. Le lecteur doit comprendre et se représenter exactement le problème posé, son ampleur, les enjeux. Évitez les formules vagues, générales, les détails non significatifs.

- L'expression doit frapper les esprits le plus rapidement possible

Ces évaluations rigoureuses et exigeantes vous feront économiser bien des heures d'écriture. Il est plus douloureux de supprimer des dizaines de pages de textes hors sujet que d'avoir pris le temps nécessaire de concevoir dans les détails son histoire et les meilleurs développements possibles.

Bibliographie

- *Les 36 situations dramatiques, Georges POLTI, Paris, Mercure de France, 1895 (édition originale).*

- *Les 36* situations dramatiques, *Georges Polti,* Éditions d'aujourd'hui, 1980.

- *Les deux cent mille situations dramatiques, Étienne Souriau, Ed. Flammarion, 1950.*

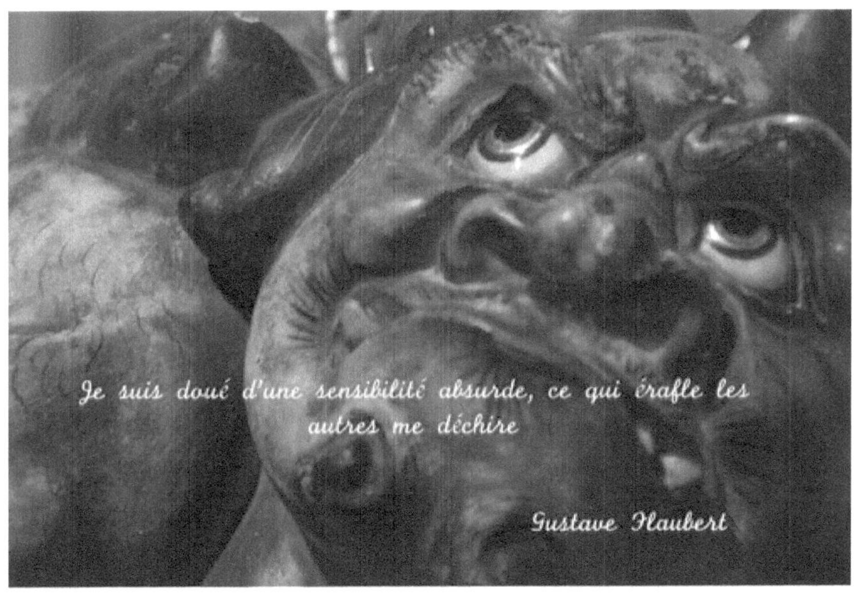

Les principaux obstacles à l'apprentissage du pitch

L'apprentissage ne se limite pas à la mise en pratique de techniques. Il faut aussi compter avec la psychologie de l'auteur, ses habitudes, ses tentations, ses croyances, ses doutes...

La complaisance de l'auteur le rend hermétique à l'apprentissage

Si le plaisir d'écrire pousse à produire des textes, il conduit aussi à la jouissance de soi-même. Ainsi, hypnotisé par lui-même, l'auteur perd la conscience de ce qui est important dans la composition d'un texte : il perd aussi son sens critique. Il rejette toute remarque, modification, correction et réécriture au nom de son bon plaisir et de sa liberté d'expression.

Les débutants, souvent les plus complaisants, écrivent au fil de la plume, ignorant même le besoin de charpenter leur texte. Ils se retrouvent d'autant plus surpris que l'on puisse leur proposer des corrections. La méconnaissance d'une discipline explique bien des évitements pour se former réellement.

Et même lorsque la technique du pitch est connue et que sa nécessité soit acceptée, nous observons en formation qu'il est toujours difficile de s'extraire de sa zone de confort. Nous assistons parfois à des compromis saisissants : des adaptations si personnelles de la méthode du séquencier que l'auteur la fait disparaître de ses préoccupations, pour son plus grand plaisir.

Se considérer comme un écrivain accompli alors que l'on est un débutant autopublié

Trop d'auteurs débutants conçoivent l'autoédition comme l'accomplissement ultime, comme si le livre imprimé était la preuve matérielle de leur talent. Ce type de livre agit parfois comme un miroir narcissique jusqu'à en oublier des réalités élémentaires. Un écrivain sans lecteurs n'existe pas. Les professionnels se forment toute leur vie. Ils savent que le succès reste éphémère et qu'ils devront dans tous les cas se remettre au travail avec leur prochain livre.

L'autoédition reste cependant l'une des meilleures solutions pour se confronter aux réalités de l'édition en s'efforçant d'être lu.

Cette perte de lucidité, bien humaine et compréhensible lorsque l'on a déjà fourni beaucoup d'efforts, ferme ces auteurs autoédités à la formation ; alors que les exigences et les attentes des lecteurs sont grandissantes. C'est vraiment dommage de ne pas exploiter une telle opportunité.

La réalité est que rien n'est jamais acquis : ni l'intérêt d'un public ni l'aptitude à avoir des bonnes idées et à les utiliser dans une histoire. Le résultat n'est jamais garanti même pour les écrivains chevronnés.

Se laisser enfermer dans des certitudes, des habitudes, des préjugés, une théorie...

Progresser signifie aussi accepter de changer. Il faut bien admettre que cela peut être déstabilisant et stressant. Le repli sur soi permet de se protéger mais réduit l'ouverture d'esprit nécessaire à une formation.

Le plus souvent, ces habitudes bloquantes sont anciennes. Leur répétition leur donne la puissance d'un automatisme. Elles deviennent instinctives et l'auteur se retrouve aux prises de ce qu'il considère comme étant naturel et évident.

Par exemple, l'un de ces automatismes concerne le sujet. Rappelons qu'un sujet en littérature est un bon pitch et non pas une simple thématique et un angle pour l'aborder au cours d'un récit. C'est l'une des raisons majeures qui rend l'assimilation du pitch difficile.

Connaître les tenants et les aboutissants de son histoire avant d'écrire

Véritable syndrome de la culture de l'écrit en France, l'écriture s'envisage « au fil de la plume », sans contrainte. Le plaisir est perçu comme incompatible avec la rigueur d'un plan, une réflexion préalable ou un effort de clarté pour se faire comprendre.

Vous vous doutez qu'en accompagnant des écrivains en devenir, nous assistons à des comportements parfois surprenants. Cette semaine, l'un de nos auteurs a rédigé tout un séquencier en laissant de côté les pitchs qu'elle reconnaissait comme étant non aboutis. Elle pensait sincèrement tenir une bonne histoire… pour comprendre finalement qu'en écrivant au fil de la plume, elle ne savait plus où elle allait. Elle trouvait elle-même que son histoire n'était pas crédible ni très originale et ne savait plus comment s'y prendre.

Écrire au fil de la plume permet de trouver des idées, ça ne remplacera pas l'analyse ni une réflexion préalable afin de construire son histoire.

Manquer de rigueur

Le manque de rigueur s'observe certes dans l'écriture mais aussi dans la lecture d'une explication et la compréhension superficielle d'une méthode. Les mots utilisés se substituent les uns aux autres jusqu'à mélanger les indications utiles à l'application de la méthode.

Voici un exemple d'approximation noté par Yves Lavandier : « Un pitch doit résumer l'action et non le sens du récit. Il ne contient ni l'intention de l'auteur, ni le résultat final. » Combien de pitchs avons-nous reçus, qui étaient en définitive des résumés scolaires d'actions du héros présentées par ordre chronologique.

Rester précis et utiliser les mots dans leur sens exact sont autant de conditions pour rédiger un bon pitch. Cette précaution vous aidera à vous débarrasser de vos appréhensions et de vos automatismes.

Ne pas se former et sous-estimer le rôle d'un formateur

Lire une méthode ne signifie pas que vous serez capable de bien l'appliquer. Être autodidacte a ses limites. Qui décèle vos incompréhensions, vos lacunes, vos erreurs et vous explique comment y remédier ? Rester seul, sans se confronter à des lecteurs critiques ne permet pas d'avancer.

Le chemin est long de la théorie à la maîtrise. C'est un métier que de transmettre un savoir-faire. Il faut savoir faire soi-même avant de décortiquer les incompréhensions, percevoir les mauvaises habitudes et imaginer des solutions pour rendre la technique accessible et acceptable. C'est le rôle d'un formateur. Il sait varier son discours et ses approches afin de faciliter l'intégration de savoir-faire nouveaux, inventer des parcours, des activités qui vont faciliter l'apprentissage tout en motivant celui qui apprend. Ci-après quelques solutions apportées pour dépanner nos auteurs.

Une astuce pour sortir de l'enlisement « pitchéen » et des platitudes : dramatiser un incident

Nous allons voir comment passer d'un récit d'événement à une intrigue en vous servant de vos connaissances. Vous savez intuitivement ce qu'est une histoire. Dès que vous êtes confronté à des événements qui vous sortent de la routine, de la norme, vous commencez à penser : quelle histoire !

Ce qui est central, outre cette rupture avec la banalité, c'est cet obstacle, un conflit qui met les personnages sous pression. Souvenez-vous qu'une histoire se compose toujours de trois parties : l'émergence d'une situation problématique qui se complique puis se dénoue, selon le modèle : action – problème – résolution. L'action en littérature n'est pas une simple action. Elle se doit d'être dramatique.

Toutes les histoires ont la particularité de comporter un problème intéressant, une résistance empêchant le personnage principal de réaliser quelque chose d'important pour lui à un moment clé. Il peut aussi se retrouver embarqué dans un imbroglio dont il devra s'extraire.

De l'action à l'action narrative : passez à l'action !

Utilisons les bons principes énoncés et appliquons-les sur une action de la vie courante : une infirmière nettoie le dentier d'une vieille dame. Rien d'excitant, n'est-ce pas ! C'est une action.

Transformons-la en une action narrative : pour empêcher une vieille pensionnaire de séduire un vieux résident, une infirmière lui confisque son dentier (*La maison du sourire*).

Il suffit d'ajouter une intention à un personnage qui va générer des conséquences fâcheuses. Ici les désirs de cette vieille femme sont contrariés par une infirmière malveillante, à tel point que l'on hésite entre le rire et les larmes. Cet obstacle contribue à dramatiser cet incident, à intriguer, bref à le romancer.

Pensez à varier les obstacles rencontrés par vos personnages, ainsi que la nature de leurs motivations : conflits d'intérêt, opposition entre des personnes, incidents, coups de théâtre, des rebondissements, erreurs, maladresses commises par le héros ou un autre personnage, imprévus, espérances déçues…

L'ensemble des incidents et leur dramatisation constituent une intrigue, à condition de relier ces obstacles avec des liens de cause à effet. C'est ainsi que vous parviendrez à crédibiliser une histoire à partir d'un pitch et à solidifier l'architecture de votre intrigue.

Apprenez à construire des idées époustouflantes

Souvent, on jette une idée sur la page, et on s'en satisfait, sans vraiment tenir compte de son potentiel. Les auteurs qui ne percent pas sont faits de ce genre de gâchis. Ils ne savent pas extraire et faire valoir dans leurs développements ce qui rend une situation insolite, étonnante, drolatique, ce qu'elle recèle d'inquiétant, de novateur ou simplement d'intéressant.

En ressassant des idées convenues et des situations prévisibles, ces auteurs oublient qu'un texte a besoin de nouveauté, de singularité, du regard personnel de l'auteur pour atteindre ses lecteurs.

Plus qu'une maturation naturelle ou l'application de recettes prêtes à l'emploi, les idées se construisent. Il existe pourtant des méthodes pour donner du coffre à nos élans créatifs. Tour d'horizon des procédés.

Qu'est-ce qu'une bonne idée en littérature ?

On peut avoir des informations, les tenants et les aboutissants d'un récit, des idées pour élaborer une histoire sans savoir les exploiter. L'objectif étant de parvenir à bâtir une histoire capable de tenir en haleine son lecteur sans jamais le lâcher.

Travailler ses idées consiste tout d'abord à agir sur tous les matériaux de cette histoire pour en tirer la substantifique moelle, sélectionner les meilleures et élaborer une manière de raconter l'histoire afin de piquer la curiosité de son lecteur, de créer une addiction qui le pousse à découvrir ce qu'il va se passer ensuite.

Une histoire n'est pas autre chose qu'un problème posé à des personnages s'efforçant de le résoudre dans une situation donnée. Toute les stratégies déployées pour pimenter la formule de base peuvent être utilisées : des personnalités hors normes, des problèmes inattendus, surprenants, amusants, effrayants… Au-delà de ces techniques, l'auteur se doit en plus de rendre ses idées originales. Celles-ci se construisent à l'aide de procédés créatifs.

Les idées ont besoin de fraîcheur

On doit à tout prix combattre la lassitude de nos propres idées. Aussi généreux puissions-nous être dans l'effort, on renonce sans s'en rendre compte à transformer une bonne idée en un pivot marquant de notre histoire. Pourquoi ? Car la facilité est en vente libre. Je m'explique.

Un soir, je regardais un thriller à la télévision. Les premières images montraient l'apparent bonheur d'un couple et de leurs deux enfants au cours d'une classique scène de petit-déjeuner. Elle était conçue de telle sorte que l'on aurait presque pu sentir la bonne odeur du café et la douce chaleur du soleil matinal entrant par la baie vitrée de la cuisine. Les regards complices que s'échangeaient la mère et le père formaient un arc protecteur au-dessus des rires enjoués de leur progéniture s'esclaffant aux facéties du chien de la maison.

Les effets limités des stéréotypes

L'avantage d'un tel stéréotype est qu'il indique en quelques plans aux amateurs du genre que c'est à cette cellule familiale soudée qu'on va s'en prendre, que la situation idéale qu'ils ont sous les yeux a déjà vécu.

Ce qu'il est possible de faire au cinéma, la littérature le permet avec la même efficacité, générant ses propres codes immédiatement identifiables. La scène décrite dans mon paragraphe d'introduction peut ainsi être agencée selon des règles narratives basiques et constituer un début de roman valable (à défaut d'être original). Mais quelle idée aura-t-on construit, en procédant de cette manière ? La réponse est simple : aucune.

Construire son idée au-delà des codes

La question qui en découle – la littérature a-t-elle besoin d'idées, et de façon plus générale, sont-elles indispensables à une histoire ? – amène son corollaire : si oui, comment en construire une ?

Dans un réflexe bien naturel, nous à qui il vient ou qui cherchons dix idées à la minute, la tentation est de dire que sans elles, il n'y a strictement pas d'intérêt à lire un livre ou à voir un film. Cela ne signifie pas que ce soit irréalisable.

Si l'on s'arrêtait à la seule cohérence, on pourrait se contenter d'une succession de scènes comme celle du petit-déjeuner pour élaborer une histoire. En se reposant sur des blocs narratifs routiniers, un auteur est à peu près certain de capter l'attention. L'écriture de tels livres revient à tapoter un coussin pour lui redonner le volume dont on sait qu'il procurera au lecteur un confort apte à endormir son esprit critique. Ce n'est ni bon ni mauvais, juste une recette éprouvée.

On a parfois tendance, qu'on débute dans le métier d'écrivain ou pas, à confondre avoir une idée et la construire. Soit la différence entre un bloc de marbre et une sculpture :

« Je vis dans l'attente de l'Idée ; je la pressens, la cerne, m'en saisis - et ne puis la formuler, elle m'échappe, elle ne m'appartient pas encore : l'aurais-je conçue dans mon absence ? Et comment, d'imminente et confuse, la rendre présente et lumineuse dans l'agonie intelligible de l'expression ? Quel état dois-je espérer pour qu'elle éclose – et dépérisse ? (Cioran, « Précis de décomposition », Gallimard, p. 137)

Sans se perdre dans les prolongements que suggère le questionnement de Cioran, on peut dire que ce qui vient immédiatement à l'esprit (« d'imminente et confuse ») n'est pas une idée aboutie. Avant d'envisager la finition, il faut bien sûr être en possession d'un matériau exploitable.

De la même manière que l'on déconseille aux enfants de se taire afin d'éviter de parler pour ne rien dire, lorsqu'un auteur se donne la peine d'écrire, il se doit d'avoir quelque chose à raconter et de relater une scène qui vaut la peine d'être lue. Tout la difficulté est de parvenir à formuler ces idées après les avoir construites et pour cela vous devrez stimuler votre imaginaire et réveiller vos aptitudes à créer.

Quelques astuces pour stimuler notre imaginaire

Petit état des lieux de ce qu'on nous propose d'ordinaire pour pallier une inspiration défaillante.

Le classique « Et si… »

Rampe de lancement incontournable pour le faussaire d'Histoire qui sommeille en nous, le « Et si… ». Le procédé consiste à évacuer ce que l'on connaît d'une réalité, les images du monde pour établir des suppositions nouvelles. Et si on pouvait corriger les moments loupés de sa vie ? Et si je pouvais me téléporter demain à l'autre bout de la terre… ou de refaire l'Histoire à sa façon comme l'uchroniste. Ce dernier s'adosse sur des faits préexistants circonscrits à un contexte historique. Ramené à des considérations plus proches de chacun, ce procédé peut faire qu'on s'interroge sur les événements ayant défini notre existence afin de la réinventer, et donc de proposer un contenu nous apparaissant logiquement neuf. Par exemple si Hitler avait réussi son concours d'entrée aux Beaux-Arts, la Seconde Guerre mondiale n'aurait pas eu lieu, ce qui aurait eu pour effet de…

Le risque est que nous soyons les seuls à trouver original quelque chose qui ne nous soit jamais arrivé, puisque les probabilités sont fortes pour qu'il s'agisse d'événements constituant le quotidien de nombre de personnes nous lisant.

Le non moins classique « Écrire ce que l'on aimerait lire »

Il sous-entend plus ou moins que cela n'a jamais été écrit, puisque la stimulation s'exercerait ici par une envie de lecture non satisfaite. J'aurais tendance à dire que c'est surtout le côté utopique de la démarche qui peut séduire, mais penser qu'on tient là une roue de secours universelle risque d'engendrer bien des déceptions.

Le raisonnable « Parler de ce que l'on connaît »

Il tombe sous le sens qu'on passerait vite pour un farfelu (dans le meilleur des cas) si n'ayant pas la moindre connaissance dans un domaine et aucune intention d'en acquérir on se mettait en tête de le positionner au cœur de notre histoire. Il ne me viendrait par exemple pas à l'esprit d'écrire une intrigue policière se déroulant sur fond de recherche spatiale. Je ne suis même pas fichu de faire voler une fusée en papier. Peut-être n'est-ce pas en territoire familier qu'on fait ses plus belles conquêtes, mais à vaincre sans péril, on triomphe sans déboire.

Le clef en main « Piocher dans les appels à textes (et autres *writing prompts*) »

Ce réservoir à idées proposant aussi bien le fond de cuve où stagnent des thèmes rebattus que les trouvailles fraîchement sorties du bidon supposées offrir une bonne viscosité intellectuelle, chacun jugera s'il y a matière à huiler les rouages de son inspiration.

https://alisonfharing.fr/3-writing-prompts-pour-vaincre-le-syndrome-de-la-page-blanche/

Le logique « S'inspirer de ses romans préférés » (ou des films qui nous ont plu)

Ayant le bon goût de trouver que le nôtre s'imposera à tout un chacun, on se tourne vers ce qui nous séduit pour en capter l'essence comme on accaparerait une formule magique. Mieux que de transformer le plomb en or, il s'agit de faire se muer notre admiration en inspiration (et accessoirement le lecteur en acheteur).

L'avisé « Creuser un phénomène de société, répondre à des questions dans l'air du temps »

On pourrait voir cela comme une littérature de l'opportunisme, mais je préfère penser que l'actualité est un bon poil à gratter du papier.

Voilà de quoi on dispose grosso modo comme boutefeux intellectuels. Qu'on écrive une saga de science-fiction, un roman policier, une nouvelle de réalité magique, un texte sentimental ou une monographie, il y a là un substrat non négligeable.

C'est notre bloc de marbre.

Les procédés font vivre les idées

S'y attaquer requiert de cerner quel point de vue on souhaite faire émerger, quelle passerelle on désire jeter d'un paragraphe à l'autre afin que notre histoire progresse, quel chemin on veut voir notre lecteur emprunter (qu'on espère l'égarer ou pas), quel trait d'un personnage on privilégie en l'accentuant, etc. Et pour cela, l'auteur élabore des stratégies afin de faire cheminer la conscience de son lecteur sur des chemins de compréhension qu'il aura pris soin de jalonner d'indices, d'informations, d'émotions et de découvertes de ses personnages. C'est ainsi que certaines idées de départ se transforment en *procédés*.

Donner vie à une idée, c'est aussi savoir la mettre en scène, c'est-à-dire faire agir vos personnages dans un contexte et un moment précis exactement comme s'ils étaient vivants, comme si vous disposiez d'une caméra intérieure avant de passer à l'écriture. Par exemple si vous pensez que la cruauté est naturelle à l'enfant, alors vous pourrez montrer un enfant qui arrache des pattes aux insectes, des poils aux chats et aux chiens, des cheveux avec un sourire d'ange… Ici le contraste illustre à la foi l'innocence et l'absence de limites dans ces violences enfantines.

Une idée ne se pose pas simplement au cœur d'un paragraphe en espérant qu'elle se mette à exister par elle-même. Du moins, pas toutes. Les plus basiques s'imposent par l'évidence ;

mais certaines ne tombent pas sous le sens. C'est pour celles qui nécessitent d'être précisées qu'intervient un procédé, l'habillage intellectuel, qui les fera s'ancrer dans l'esprit du lecteur et vivre en lui.

La construction en deux temps

Dans cet extrait ci-dessous tiré du roman *Les mains du miracle*, on voit comment Kessel assoit son idée en deux temps, procédant d'abord de manière faussement anodine, puis étalant la terreur et l'horreur dans la phrase qui suit. Pour resituer le contexte, Himmler, le tout puissant chef de la Gestapo et des Waffen SS, fait face à Masur, représentant le Congrès Juif Mondial, dans une entrevue organisée par Kersten.

Premier temps

« Masur buvait du thé, Himmler, du café. Il n'y avait entre eux que des petits pots de beurre, de miel, de confiture, des assiettes qui portaient des tranches de pain bis et des gâteaux. »

Second temps

« Mais, en vérité, six millions d'ombres, six millions de squelettes séparaient les deux hommes. »

Ici, le « entre eux » renvoie au « séparaient », à quelque chose de civilisé confronté à la barbarie. Kessel, derrière ses petits pots de confiture, décrit un gouffre de pensées. L'absurdité meurtrière opposée à la dignité d'un homme incarnant ce que le Reichsführer, pris dans le tourbillon de folie de Hitler, souhaitait rayer de la surface de la terre.

C'est une construction simple, mécanique, mais qui exige une hauteur de vue pour mettre en perspective toute la profondeur de l'idée : la Shoah vue des deux côtés. La mise à égalité de qui représente le bourreau auquel fait face le symbole de ses victimes.

Cet exemple montre à quel point le point de vue de l'auteur enrichit la narration et la rend unique.

Construire sur la longueur

Une idée peut traverser un roman. Du point A au point B, elle devient l'histoire, et son seul sujet. Ainsi, dans *Fan Man*, de William Kotzwinkle, le personnage principal, Horse Badorties, s'efforce-t-il de mettre en place une « Chorale de l'Amour ». Tout le roman tend vers ça, avec les tribulations que cela englobe.

Dans ce cas précis, tout est prétexte à des loufoqueries qui servent l'idée de départ. Sous une apparence dispersée, la boucle est bouclée de façon magistrale.

Cette stratégie narrative implique de continuellement souffler sur les braises au-dessus desquelles danse le personnage, pour que, sans cesse en action, lui et son idée sautillent jusqu'au dernier paragraphe. Il n'existe pas de limite pour exploiter une seule et même idée.

La stratégie de l'écho, ou comment valoriser une idée cent pages plus loin

Une fois votre idée bien en tête, vous pouvez vous permettre qu'elle se dilate. Sa construction ne nécessite pas toujours de l'inscrire dans l'instant présent, en reporter l'impact pouvant se révéler payant. Le stratagème est connu : on dit une chose à la page 10, et à la page 110 elle prend tout son sens. C'est un exercice un peu difficile dans le fait qu'il est nécessaire d'entretenir l'idée sur la durée, par différents moyens. Pour ne pas laisser la piste refroidir, on doit alimenter par quelques allusions ce vers quoi on souhaite mener notre lecteur. On construira donc une sorte de parcours fléché, pour que résonne au bout du compte le fin mot de notre pensée.

L'idée auto-construite

L'idée n'aura d'autre construction que sa propre charpente, sans qu'on doive y ajouter le moindre clou. Elle sera aussi définitive qu'une sentence. Elle pourra servir de transition, achever un paragraphe, éclairer un point de vue ou relancer une intrigue. Par exemple : « il ne savait pas où ses doutes le mèneraient ». C'est une phrase à la fois finie et appelant un prolongement. Le seul procédé, ici, revient à ce que tout soit contenu en une phrase, ce qui implique d'avoir longuement réfléchi à cette phrase et à ses implications, pour ne pas dire ses répercussions dans la structure du roman.

Soyez l'architecte de votre pensée

On a vu qu'une histoire exige qu'on en soit l'architecte du sol au plafond. Construire une idée n'est pas restreindre sa pensée ; à l'inverse, c'est lui permettre de se développer.

Une idée prend de la valeur quand on l'a façonnée jusqu'à la dernière brique de notre imagination. Le lecteur doit pouvoir s'appuyer sur les fondations de notre esprit ; si elles ne sont pas assez solides, l'édifice s'écroulera en même temps que l'intérêt dudit lecteur. D'une manière ou d'une autre, l'écriture nous veut bâtisseurs.

Narration : prendre un angle ou donner un point de vue ?

Le point de vue dans la narration désigne à la fois l'avis d'un personnage et la position de celui qui raconte l'histoire. Cet article vise à vous aider à différencier l'angle (l'aspect que l'on traite d'un sujet) du point de vue. Vous pourrez ainsi vous en servir afin d'écrire des narrations originales tout en vous affirmant en tant qu'auteur.

Au moment de débuter une histoire, la question de savoir sous quel jour on va la proposer à notre lecteur se pose. Quelle part de nous doit-on laisser apparaître – voire interférer – dans ce que l'on désire raconter ? Et quel se révélera le meilleur biais pour qu'un soupçon d'originalité s'en dégage ?

On le sait, nous nous laissons parfois aller à la facilité d'une trame balisée. On aligne deux ou trois éléments ne dépaysant pas le lecteur, et on écrit une histoire déjà lue un million de fois. Eh bien, me direz-vous, si ça a fonctionné un million de fois, c'est signe que ce modèle est valable, voire viable à défaut d'être séduisant, non ? Sans doute, mais on peut aussi considérer que la reproduction à outrance d'un modèle finit par l'affaiblir.

L'originalité : de la contrainte à la nécessité

Du sang neuf dans de vieilles artères

Il existe certes des thèmes incontournables en littérature, mais c'est plus leur traitement que le fait de les surexploiter qui appauvrit leur substance. Se cantonner à une approche factuelle de ces sujets universels revient – pour caricaturer – à se contenter d'activer des mécanismes éprouvés en changeant les noms des personnages ou les métiers qu'ils pratiquent.

Tout en prenant bien sûr garde de ne pas s'enfermer dans une vision figée de la société, tenant compte pour cela de ses évolutions impactant les schémas connus, qu'ils soient familiaux, politiques, religieux, etc., afin de demeurer dans l'air du temps. Car il ne faut pas oublier que les lectures d'une personne sont un des moyens de la définir, et qu'un lecteur n'apprécierait pas de se voir ringardiser par le biais d'écrivains auxquels il est fidèle et qui entretiendraient un discours passéiste ou insuffisamment informé.

Un peu de sang neuf dans de vieilles artères ne suffit toutefois pas à changer le cœur d'une histoire.

Renoncez à la narration neutre

Il est vrai qu'une frange du lectorat réclame des structures narratives rassurantes car codifiées, répondant à un désir de lecture « confortable ». Cette préférence est logiquement encouragée par des éditeurs y trouvant la garantie de satisfaire une demande *a priori* de façon simple. Ne voyez pas dans mon évocation de l'existence d'un tel lectorat une tentative ou une volonté de m'en exclure, comme pour dire : « Moi, je ne suis pas comme ça, j'appartiens à une élite qui se reconnaît seulement dans des œuvres tranchant sur une écriture convenue ». Pas du tout.

Au contraire, j'ai – et j'aime – mes propres petites routines de lecteur, avec peut-être le besoin inconscient de m'embourgeoiser dans des procédés littéraires usuels pour mieux m'encanailler dans d'autres moins prévisibles. Comme on s'extrairait d'un fauteuil capitonné pour s'asseoir sur un siège éjectable. Il faut parfois lire et écrire dangereusement, n'est-ce pas ? C'est-à-dire en renonçant à une neutralité de ton quitte à se faire un brin bousculer dans ses certitudes.

Il est donc bienvenu que ces mêmes éditeurs réservent aussi une place aux écrivains apportant un vent de fraîcheur à leur catalogue. Parmi ces auteurs « novateurs », il y a ceux qui pour se démarquer des propositions habituelles choisissent un angle. Comme dans le journalisme, cela donne un intérêt supplémentaire à leur histoire ; une façon d'aborder un texte que je vous invite à envisager.

Si le choix d'un angle s'inscrit dans une démarche entraînant à la fois l'auteur et le lecteur, on sait où l'on met les pieds.

Quelques caractéristiques de l'angle et du point de vue

Dissociez le point de vue de l'angle pour nuancer votre narration

Un point de vue vous engage dans votre vie de tous les jours et, pour ce qui nous intéresse ici, à travers le sujet traité dans votre histoire. C'est votre avis que vous soumettez à l'examen attentif de votre lecteur, soit vous en tant qu'auteur, mais également en tant que personne.

Vous n'êtes en revanche pas obligé d'adhérer – encore heureux – à un angle hors du cadre de votre roman ou de votre nouvelle. Quand le point de vue dira quelque chose de vous, l'angle indiquera la façon dont vous souhaitez braquer votre projecteur sur un aspect particulier de votre récit, mais ne traduira pas obligatoirement votre intime conviction ni ne soulignera des valeurs que vous défendez – et partant, des choses que vous condamnez.

Il est important d'avoir ça à l'esprit, car cela vous permet de déterminer en amont quel degré d'implication vous souhaitez atteindre, et délimiter ainsi les contours de votre discours. Le point de vue est un parti pris, l'angle un éclairage destiné à faire saillir une opinion, disséquer un comportement, analyser les motivations d'un personnage, sans que votre conscience intellectuelle y soit nécessairement associée.

Grand angle pour le portrait d'un géant

Si le point de vue et l'angle peuvent évidemment se rejoindre et renvoyer à des principes moraux caractérisant l'auteur, c'est tout sauf une vérité absolue, comme l'exemple suivant suffit à le démontrer.

Marc Dugain, après être entré dans la tête du tueur en série bien réel qu'est Ed Kemper et en avoir fait son narrateur (Al Kenner, dans le roman *Avenue des Géants*), a écrit dans sa brève note d'auteur figurant à la fin du livre quelque chose m'ayant paru d'une évidence puissante : « Romancer un personnage, c'est le trahir pour mieux servir ce que l'on pressent de sa réalité. »

À la lumière de cette phrase, je dois dire que Dugain a accompli la plus impressionnante des trahisons tant son roman nous connecte à la perception glaçante que son personnage a du monde, recréant cet homme dans une réalité qui nous est accessible bien qu'elle nous dépasse. Un prodigieux tour de force qui pourrait donner à croire que l'écrivain a été le compagnon de route, voire le confident de ce monstre.

Et pourtant, à l'heure où j'écris ces lignes, on n'a pas *encore* déterré de cadavres de femmes mutilées dans le jardin de Marc Dugain.

Cette boutade macabre pour rappeler qu'un angle ne modifie pas l'attitude de l'écrivain, mais que c'est bien ce dernier qui altère son sujet en en choisissant un.

Pourquoi l'angle et le point de vue ne racontent-ils pas la même chose ?

Ce qu'il y a d'important à retenir de cet exemple est donc l'angle sous-entendu dans cette note d'auteur : pour cerner son personnage, Dugain ne s'est pas limité à relater une succession d'assassinats, soit la trame balisée mentionnée au début de cet article. Non. Il a comme pressé l'un contre l'autre les hémisphères du cerveau de Kemper/Kenner jusqu'à en extirper ce qu'il pouvait y avoir de plus limpide du bouillonnement noirâtre de ses pensées.

Ce qui demeurait compréhensible par-delà l'horreur de ses actes. Ce que nous n'aurions jamais pu saisir si Dugain n'avait pas eu d'autre ambition qu'établir un rapport d'enquête élaboré à la sauce fictive comme il aurait été commode de le faire. De sa vision volontairement faussée – de sa trahison, de cet angle – est née sa vérité d'auteur, et s'est dégagé le portrait tout en nuances d'un être dont les agissements barbares finissent par acquérir une forme de cohérence n'atténuant à aucun moment leur portée.

Si Dugain avait utilisé un point de vue s'imposant via un jugement porté sur son personnage, on peut imaginer que cela aurait induit une vision totalement différente de celui-ci. On le voit, il n'est pas anodin de recourir à l'un ou à l'autre.

Impulser votre personnalité dans vos narrations

Quand l'angle et le point de vue font des nœuds

Plus on lit, plus on éduque son sens critique, ce qui fait de nous des lecteurs responsables ou en tout cas censés faire la part des choses. Il ne faut cependant pas négliger l'ambiguïté contenue dans le geste que font certains auteurs en direction de leur lectorat, cultivant l'art de l'ambivalence jusqu'à semer un doute qui ne sera jamais tout à fait dissipé.

La frontière entre le choix d'un angle et un point de vue devient alors si ténue que le fond, dilué dans des interrogations, risque de perdre entre autres en pertinence, en cohérence et en lisibilité. Le plus doué des marionnettistes textuels n'est pas à l'abri de s'emmêler les fils jusqu'à désarticuler sa pensée plus que de raison. Alors prudence s'il vous vient l'envie de manipuler votre lecteur…

Pourquoi auteur et lecteur doivent-ils se donner la main ?

À un auteur habile doit correspondre un lecteur avisé pour que la confusion n'existe pas entre un point de vue et l'adoption d'un angle. Il arrive que dans l'esprit du public la pensée de l'auteur soit confondue avec les propos tenus par un ou plusieurs de ses personnages, ou par les actions qu'ils mènent, des malentendus qu'il n'est pas toujours aisé d'éviter dans le cas d'un sujet sensible. On remarque le même phénomène chez un réalisateur ou un interprète, des polémiques brouillant parfois le message d'un film ou d'une chanson.

Un auteur sait bien sûr soumettre à son lecteur des idéaux auxquels il croit ou mettre en avant des solutions qu'il approuve pour résoudre divers problèmes, du plus insignifiant à celui préoccupant la planète (le choix est vaste). Et il utilise pour ce faire les moyens que je viens de mentionner. Seulement, il lui arrive aussi de dénoncer des travers en donnant la parole à des personnages qui les incarnent, mettant dans leur bouche un discours argumenté, d'où une méprise quant à son intention réelle.

Trouver un angle… et ne pas prendre la tangente

Une fois votre angle déterminé, conservez le cap. Il ne serait guère judicieux d'en dévier, sauf à vouloir créer une rupture de ton. Si tel était le cas, ce changement ne devrait pas être gratuit, mais servir votre histoire. Hors de cet effet narratif, on privilégiera la continuité pour asseoir notre vue d'ensemble et donner au récit la coloration souhaitée.

À vous désormais de présenter votre histoire au lecteur comme le plus magnifique des paysages, en lui assurant que sous un certain angle, on a un point de vue imprenable…

Comment bien narrer ? Chouchoutez votre narrateur...

À l'époque où il me revenait de commenter des textes pour *L'esprit livre*, j'ai constaté un défaut fréquent chez les auteurs dont la plume n'était pas confirmée : une narration des plus aléatoires, sans autre conduite du récit que l'idée du moment. Les points de vue narratifs ne cessaient de changer d'un chapitre à l'autre, et chez certains apprentis écrivains particulièrement versatiles, d'un paragraphe au suivant ! Comment suivre le fil d'une histoire dans ces conditions ? Quand le procédé n'est pas maîtrisé, c'est tout bonnement impossible. Le style peut bien être épatant, l'intrigue riche de potentiel, une histoire mal racontée est une mauvaise histoire. Je vous propose donc que l'on se penche sur les différents moyens d'adopter un point de vue stable.

La clarté n'est pas l'ennemie de la créativité

Peu importe qui parle, il faut se faire entendre

Comprenez que je ne nie pas l'efficacité de la multiplication des points de vue visant à créer un effet narratif, pas plus que je ne critique ce procédé. De très bons auteurs ont écrit d'excellents romans en utilisant une narration polyphonique : David Mitchell avec *Cartographie des nuages*, Ken Kesey avec *Et quelquefois j'ai comme une grande idée*, Toni Morrison avec *Un don*, Alain Damasio avec *La Horde du Contrevent*, Russell Banks avec *De beaux lendemains*, etc. Certains de ces romans nécessitent plus d'efforts de lecture que d'autres, mais leur point commun est de former un tout cohérent, aussi éclatée la narration soit-elle.

Les chausse-trapes de l'abondance

Pour que ce procédé soit viable, la narration doit obéir à une construction très rigoureuse et à un découpage soigneusement réfléchi en amont, sans quoi la confusion l'emportera inéluctablement sur la mise en place des idées. Chez les écrivains en herbe, l'utilisation d'une narration polyphonique est presque à tous coups plus révélatrice d'un déficit d'acquisition de techniques littéraires que le résultat d'une structure élaborée avec méthode. Le débutant confond volontiers l'anarchie intellectuelle avec le foisonnement créatif. La profusion d'idées n'étant pas garante de la valeur d'une histoire, on doit veiller aux pièges de l'éparpillement narratif.

Le point de vue est une ligne directrice qui sert à narrer

Une narration qui a du chien

Tout le monde sait ce qu'est un narrateur. Mais il arrive qu'on ne saisisse pas parfaitement son rôle. Et plus encore, *l'importance* de ce rôle. Il y a peu, j'ai regardé un film fantastique français, « Baxter ». C'est le nom du narrateur, qui se trouve être un bull-terrier. Sa vision du monde conditionne toute l'histoire, et à aucun moment le réalisateur n'en dévie. C'est par son comportement d'animal que chaque événement survient, par ce qui nourrit ses réflexions que l'histoire progresse avec logique. Une logique qui lui est propre et s'impose à nous à travers ses codes de chien.

La nécessité que chacun soit à sa place

Tout au long du film, jamais les humains ne sont amenés à prendre la narration en main, ce qui ne signifie pas qu'ils sont relégués au second plan, pas du tout. Ils ont toute leur importance, mais ce ne sont pas leurs voix qui prévalent. Quand vous avez décidé de confier le gouvernail de votre histoire à un de vos personnages, faites-en sorte qu'il ne soit jamais relevé de son poste tout au long de la traversée que constitue l'histoire. Sauf s'il s'agit *d'un choix délibéré faisant sens*. Dans le cas où les différentes voix amenées à s'exprimer n'interagiraient pas *in fine*, le foutoir textuel serait inévitable.

Le point de vue : l'attitude et le lieu choisis pour narrer

De l'influence du narrateur selon son positionnement

On oublie parfois que le positionnement du narrateur influe sur ce qu'il dit, sur les réserves tacites qu'il doit avoir ou sur celles que son statut lui permet d'outrepasser. Sur son champ d'action. Selon qu'il sera externe ou aligné sur un personnage, son discours différera. On peut le constater chez Paul Auster, par exemple. Dans *La musique du hasard*, un narrateur externe – donc neutre – englobe les personnages principaux du roman dans le récit qu'il fait de leurs relations. Dans *Le livre des illusions*, il incombe au narrateur aligné sur le personnage de David Zimmer la charge d'introduire les différents autres protagonistes de l'histoire. Ceci tout en révélant l'impact qu'ils ont eu sur lui, quand dans *La musique du hasard* le narrateur externe se contente de les mettre en présence l'un de l'autre sans que le récit qu'il fait de ces rencontres les affecte.

La narration par la description

Il existe un élément moins anodin qu'il pourrait y paraître pour soutenir la voix du narrateur quel qu'il soit, c'est le décor dans lequel les personnages qu'il introduit évoluent. J'ai lu à propos de certains films qu'une ville ou un paysage servant de cadre à l'histoire pouvaient être considérés comme des personnages à part entière tant leur impact visuel était fort. Tant ils semblaient agir sur les humains d'une façon ou d'une autre. L'écrivain a en sa possession l'équivalent de l'attirail numérique ou des sites naturels permettant d'étoffer et/ou de prolonger la narration.

Là où l'écrivain devient un bâtisseur

Un auteur a donc des mots pour édifier des cités et se faire dresser des montagnes. Et de ces architectures mentales, il lui incombe de tirer parti. Pourrait-on chez Buzzati dissocier le capitaine Giovanni Drogo du désert qui façonne ses rêves tout en réduisant ses espoirs à néant ? (1) Serait-il imaginable de voir l'impeccable majordome Stevens autrement que dans l'ombre de Darlington hall ? (2) Non, mille fois non. Qu'ils soient réels ou nés d'un fantasme, ces lieux et ces demeures, ces étendues fictives où un auteur laisse l'empreinte de sa réalité, participent à la construction d'un roman.

Lorsque le point de vue se matérialise avec un objet symbolique

L'objet de nos convoitises

Autre élément de la narration : un objet d'apparence des plus quelconques, mais dont l'auteur aura fait le moteur de son histoire. Qu'il s'agisse de Terby, l'oiseau en peluche qui fait régner la terreur dans le *Lunar Park* de Bret Easton Ellis, ou du téléviseur dans la nouvelle *Derrière l'écran* de Richard Matheson, l'objet possède sa propre voix. Sans forcément être audible de façon classique, elle n'en imprègne pas moins le récit, rendant la présence de l'objet aussi tangible que celle de n'importe quel autre personnage.

Quand la narratrice fait *vroum !*

Dans *Christine* de Stephen King, une voiture à l'état d'épave modifie peu à peu la personnalité d'Arnie Cunningham, qui en a fait l'acquisition et s'évertue à la retaper. Le récit prend une nouvelle tournure dès le moment où Arnie effectue cet achat, comme cela se produit chaque fois qu'un écrivain place un nouveau personnage

– et en l'occurrence dont la métamorphose est inattendue – dans son histoire. De l'objet vient un changement. Jusqu'à transformer Arnie, d'adolescent refoulé en un type d'une arrogance de plus en plus inquiétante au fur et à mesure que sa Plymouth Fury modèle 58 recommence à vrombir. Quand je parlais de moteur… Objets inanimés, etc.

Guillochons afin ne pas être l'auteur qu'on ne peut pas encadrer

Puisque raconter une histoire ne passe pas uniquement par la voix d'un narrateur, bien que ce soit le moyen le plus « naturel » de le faire, autant essayer de se diversifier, à l'occasion. Tâchons de ne pas nous enfermer dans des schémas trop basiques, tout en évitant de nous disperser, l'un n'empêchant pas l'autre et *lycée* de *Versailles*, comme n'auraient pas manqué d'ajouter Fernand Raynaud et Frédéric Dard réunis en une cocasse polyphonie. Il est toujours bon d'employer tous les outils dont on dispose afin d'ouvrager son récit avec clarté et pertinence, entrecroisant les points de vue sans jamais dépasser du cadre, comme le plus averti des guillocheurs…

Références
Le Désert des Tartares, Dino Buzzati, Éditions Robert Laffont.
Les vestiges du jour, Kazuo Ishiguro, Éditions 10/18.

Autres romans cités dans cet article :
Cartographie des nuages, David Mitchell, Éditions de l'Olivier.
Et quelquefois j'ai comme une grande idée, Ken Kesey, Éditions Monsieur Toussaint Louverture.
Un don, Toni Morrison, Éditions 10/18.
La Horde du Contrevent, Alain Damasio, Éditions Folio SF.
De beaux lendemains, Russell Banks, Éditions Actes Sud.
Lunar Park, Bret Easton Ellis, Éditions Robert Laffont.
Derrière l'écran, Richard Matheson, Éditions Flammarion.

Comment réussir son premier paragraphe en 6 exemples

Le paragraphe introductif de votre roman ou de votre nouvelle est l'entretien d'embauche que vous passez auprès du lecteur. C'est d'emblée qu'il faut lui faire forte impression, sinon il passera au candidat suivant, c'est-à-dire le livre juste à côté du vôtre sur les rayonnages d'une librairie. Enfin… je vous parle déjà d'être visible dans un tel endroit ? D'être recruté ? Avant ça, un éditeur aura eu son mot à dire. Et il sera bien moins indulgent que le plus redoutable des lecteurs. Alors pour ne pas compromettre vos chances d'être celui qu'on a envie de lire, voyons comment ceux qui ont réussi s'y sont pris.

Atteignez votre lecteur par la manière forte

Proposez d'entrée un moment intense

On passe souvent par plusieurs étapes avant de soumettre au lecteur un passage où quelque chose de frappant se déroule. C'est une montée en puissance à la fois logique et habituelle dont on peut toutefois faire l'économie afin de tout de suite mobiliser son attention. Saisi par l'intensité de la scène, votre lecteur voudra savoir comment elle se termine. Rien de tel qu'un polar pour lui « rentrer dans le lard » ! Si la vie d'une personne semble en jeu dès les premières lignes, il lui sera difficile de résister à la tentation de savoir si elle s'en sort… D'ailleurs, rien ne dit qu'au fond de lui il souhaitera qu'elle en réchappe : un amateur du genre ne vient pas pour que la victime reparte avec un bouquet de roses. Sauf sur son cercueil, bien sûr.

Le premier chapitre de *Le léopard* débute par ce paragraphe :

« Elle se réveilla. Cligna des yeux dans l'obscurité complète. Ouvrit grande la bouche et respira par le nez. Elle cilla de nouveau. Sentit une larme couler et dissoudre le sel d'autres larmes. Mais la salive ne coulait plus dans sa gorge, sa bouche était sèche et dure, ses joues tendues par l'objet à l'intérieur. Le corps étranger dans sa bouche lui donnait l'impression que sa tête allait éclater. Mais qu'est-ce que c'était, qu'est-ce que c'était ? »

Assiégez l'esprit de votre lecteur

Difficile de faire plus efficace. Des images de souffrance se construisent dans notre esprit en peu de temps. On comprend que cette femme n'est que douleur, sans savoir pourquoi. Jo Nesbø actionne plusieurs leviers en quelques lignes : compassion, malaise, interrogation, peur. Et dans le questionnement de la victime se demandant ce qui lui procure ce mal intolérable, on devine son hébétement d'en être arrivée là. Quand « l'objet à l'intérieur » prend toute sa place dans la bouche de la femme, il occupe également la totalité de notre esprit, en fait le siège. Pour avoir lu cet excellent roman, je puis vous assurer que la fin de ce premier chapitre est terrifiante. À lire de toute urgence, bien entendu.

Séduisez votre lecteur par la manière douce

Les confidences d'un conducteur afin de ne pas perdre le fil

Autant qu'un démarrage en trombe, un début en douceur a ses vertus. Notamment s'il semble être une confidence faite par le narrateur au lecteur. Un narrateur qui partagerait ses incertitudes quant à ce qui l'attend, dans une joie retenue des plus britanniques. Ainsi faisons-nous la connaissance de Mr. Stevens dans *Les vestiges du jour*, sans nous douter à quel point la perspective d'une virée en automobile peut revêtir de déroutant chez cet homme dont on découvrira ce qu'a été sa vie au fil des pages.

« Il semble de plus en plus probable que je vais réellement entreprendre l'expédition qui tient depuis quelques jours une place importante dans mon imagination. Une expédition, je dois le préciser, que j'entreprendrai seul, dans le confort de la Ford de Mr Farraday ; une expédition qui, telle que je l'envisage, me conduira à travers une des plus belles campagnes d'Angleterre jusqu'au West Country, et pourrait bien me tenir éloigné de Darlington Hall pendant cinq ou six jours. »

L'hésitation à se découvrir

Il n'y a pour ainsi dire que des hésitations dans ces premières lignes. Et de ces hésitations naîtra la force et révélera certaines faiblesses de ce personnage allant à la rencontre d'un monde dont il ignore les codes, les siens appartenant à une période s'estompant dans les brumes de la vétusté. Stevens fuit son époque sans se l'avouer. La première phrase est importante car elle souligne qu'il a déjà aménagé dans son esprit une place pour les découvertes qu'il s'apprête à vivre. Et qu'il semble à peine y croire lui-même.

En voiture pour un voyage intérieur

Derrière « une place importante dans son imagination », le lecteur est aussitôt prévenu qu'un changement important va s'opérer chez le narrateur. Le simple fait que le mot « expédition » soit répété trois fois montre quelle importance celle-ci a prise pour Stevens. Ce n'est pas un début en fanfare, mais le ton faussement détaché du narrateur trahit un bouleversement auquel Ishiguro nous propose d'assister. Et bien sûr, tout ce qui finit par se dévoiler, ce qui porte à la réflexion au sujet de la destinée de chacun, est un régal de lecture.

Prenez votre lecteur de court

Ayez un style aussi vif qu'un souvenir

Nous prendre au dépourvu, c'est ce que fait Éric Holder dès la première phrase de *L'homme de chevet*. Elle est d'une redoutable simplicité : « C'est l'histoire d'un homme qui a la mémoire courte. » On n'a pas véritablement le temps d'organiser sa pensée en lisant ces mots-là. On sait parfaitement ce qu'ils signifient, la compréhension en est aisée et immédiate, seulement ça ouvre tant de possibilités qu'on est incapable d'imaginer où un tel début peut mener. Et c'est pourquoi on poursuit sa lecture, afin d'en savoir plus. D'autant mieux qu'en épaississant encore le mystère dans les lignes suivantes, Holder, non content de nous avoir harponnés, nous remorque dans son sillage jusqu'à ce que l'histoire se mette en place et que nous soyons pris dans ses agréables filets.

« C'est l'histoire d'un homme qui a la mémoire courte.

Ses souvenirs — s'il veut bien se souvenir — n'ont pas le même âge que lui. Il a trente ans, il a un an. Restent vingt-neuf années auxquelles il ne touche plus. Qu'il a remisées dans une cave dont il a jeté la clef. »

L'introduction sur un fil

Avec *Et que le vaste monde poursuive sa course folle*, Colum McCann est parvenu dès les six premiers mots de son roman à tenir son lecteur en suspens. Littéralement, lorsqu'on apprend de quoi il est question : « Ceux qui le virent se turent. » Voilà, tout est là : qu'ont vu ces gens, et pourquoi cela les a-t-il frappé de mutisme ? Une fois de plus, nous sommes appâtés. Attention à ceux voulant user de ce procédé : quand une phrase est chargée d'une telle promesse, qu'elle annonce quelque chose de si spectaculaire qu'un événement mettant ses observateurs dans un état de sidération, il ne faut pas décevoir le lecteur. Avec McCann, l'attente ne sera pas vaine, car à partir d'un fait tant réel qu'estomaquant, il a conçu un étourdissant récit choral.

« Ceux qui le virent se turent. Depuis Church, Liberty, Cortlandt, West, Fulton ou Vesey Street. Un silence terrible, superbe, à l'écoute de lui-même. Certains pensèrent à une illusion d'optique, une ombre mal placée, un effet d'atmosphère. D'autres prirent ça pour la blague éculée du type qui se plante sur l'asphalte, le doigt pointé, et on s'attroupe autour, les têtes se renversent, hochent, confirment, mais les yeux sont levés pour rien, et on attend comme on attend la chute d'un gag de Lenny Bruce. Seulement, plus ils regardaient, plus c'était clair. À l'extrême limite du toit, la silhouette se détachait sur la grisaille du matin. Sans doute un laveur de vitres. Un ouvrier du bâtiment. Ou un suicidaire. »

Une narration de haute voltige

Je laisse découvrir à ceux qui n'ont pas lu ce livre l'événement en question. Un indice, quand même : ça concerne un Français qui un beau jour devint le temps que sa performance dura la personne la plus célèbre de New York. Le fameux quart d'heure « warholien », mais élevé physiquement comme symboliquement au plus haut sommet de cette mégalopole. McCann ne s'est pas contenté d'absorber ce moment d'exception, il l'a fait se tendre comme un câble sur lequel sa narration funambulesque a connu bien des vertiges. Jusqu'à ce que l'univers de ses personnages vacille et qu'ils se rattachent comme ils le peuvent à ce que la vie leur a laissé.

Ce qui est fait est *faits*

Racontez une histoire à l'ombre d'un grand H

On peut interpeller son lecteur en exhumant des noms ayant un jour ou l'autre eu du retentissement, faisant les unes des quotidiens et constituant l'ouverture répétitive des journaux télévisés. À l'abri de l'Histoire, raconter la sienne. Qu'elle soit vraie ou qu'on l'invente, peu importe. C'est ce que ces noms ramènent à la surface qui compte, dans un premier temps. Ils sont à eux seuls un contexte, drainant des souvenirs communs titillant notre imagination. Pour peu que notre propre existence se confonde de près ou de loin avec ce passé que hantent des visages plus ou moins effacés, l'accroche, plus que naturelle, est instinctive.

Quand le regard se fige sur un fait historique

Songez comme le patronyme d'une simple starlette est en mesure d'attirer notre regard quand il s'étale dans la presse people, et ce même si la vedette du moment nous indiffère. Il y a comme un réflexe intellectuel dans ce qui nous aimante, la notoriété en étant un des stimuli.

Quand c'est une figure surgie d'entre les cadavres d'une guerre qui capte notre attention, il se peut que ce regard se fige. Et qu'on veuille à tout prix lire ce qu'un écrivain a à en dire. Dans *Effroyables jardins*, Michel Quint nous raconte une de ces milliers d'histoires d'hommes ayant fait l'Histoire des hommes. Il ne refait pas le procès de Papon, qu'il cite dans l'extrait suivant, mais s'en sert de point de départ pour positionner un personnage central de son récit :

« Certains témoins mentionnent qu'aux derniers jours du procès de Maurice Papon, la police a empêché un clown, un auguste, au demeurant fort mal maquillé et au costume de scène bien dépenaillé, de s'introduire dans la salle d'audience du palais de justice de Bordeaux. Il semble que, ce même jour, il ait attendu la sortie de l'accusé et l'ait simplement considéré, à distance, sans chercher à lui adresser la parole. »

Le poids d'un nez de clown dans la balance

Comme ce clown étrange, nous sommes amenés à être les témoins silencieux d'une Histoire brassant des thèmes si universels qu'elle est susceptible d'éveiller la curiosité de n'importe quel lecteur. Tout le monde n'a pas vécu, encore heureux, les heures sombres d'une guerre quelle qu'elle soit. Mais pour qui se questionne quant à la façon dont il se serait comporté à l'heure des choix (en pensant souvent que le beau rôle lui serait revenu), courage et lâcheté pesant d'un poids égal dans la balance des décisions, *Effroyables jardins* apporte des réponses remarquables. Parfois, un nez de clown suffit à faire pencher les choses du bon côté, mais à quel prix ? C'est à découvrir dans ce merveilleux roman.

Donnez à l'introduction de votre récit la puissance d'un fait divers

Ces drames qui traversent les années

Le fait divers est le petit frère du fait historique. Dans chaque pays, il y en a plusieurs ayant marqué l'âme d'un peuple. Ils font en quelque sorte partie du patrimoine, et les évoquer n'est pas rare pour inconsciemment ou non en entretenir le souvenir, soit qu'ils constituent un repère dans notre existence, soit qu'ils éclairent une actualité à laquelle on les apparente d'une façon ou d'une autre. Combien de fois arrive-t-il que roule dans la conversation le fameux « Tiens, ça me rappelle l'affaire Untel… » ? C'est pourquoi lorsqu'un auteur décide de réexaminer tous les aspects de l'un d'entre eux, quelque chose nous pousse à réemprunter avec lui le chemin qui autrefois avait le plus souvent mené à un drame.

Restituez ce qui a frappé la mémoire

L'Adversaire, d'Emmanuel Carrère, est quasiment un « incontournable » du genre. Les premières phrases du livre sont d'une sobriété glaçante, et après les avoir lues, le lecteur est comme le lapin pris dans le faisceau des phares d'une voiture. Il sait le choc inévitable, mais il n'a aucune volonté de s'y soustraire. Par une irrépressible soif de comprendre, il lui devient même nécessaire.

« Le matin du samedi 9 janvier 1993, pendant que Jean-Claude Romand tuait sa femme et ses enfants, j'assistais avec les miens à une réunion pédagogique à l'école de Gabriel, notre fils aîné. Il avait cinq ans, l'âge d'Antoine Romand. Nous sommes allés ensuite déjeuner chez mes parents et Romand chez les siens, qu'il a tués après le repas. »

Quand la réalité n'a pas besoin de la fiction

Impossible de ne pas être saisi d'horreur en lisant ça. Le parallèle effectué par Carrère est d'une implacable efficacité. Il n'emploie aucun superlatif pour souligner la barbarie du geste de Romand. Les faits, dans leur brutale réalité, se suffisent à eux-mêmes. Après ce choc initial, l'auteur s'attache à reconstituer ce qu'a été le parcours de cet homme, comment il est venu à commettre ces assassinats. Pourquoi il n'est jamais parvenu à être lui-même, cadenassé dans l'enfer d'un mensonge durant dix-huit ans.

Un lecteur fasciné est un lecteur qui achète

Nous ne pouvons nous défaire d'une forme de fascination lorsqu'un monstre, ou ce que nous considérons comme tel, se révèle après s'être abrité pendant une partie de sa vie derrière une façade de « normalité ». Alors quand un écrivain talentueux y consacre un livre, disposant des armes intellectuelles pour traiter un tel sujet avec le recul nécessaire, l'envie qu'il garnisse nos étagères est forcément au rendez-vous. On l'a vu, les premières lignes de Carrère annoncent un roman aussi fort que passionnant, ce qui se vérifie page après page. S'il vous reste quelques euros, ils seront bien investis dans cette valeur sûre.

Romans cités dans cet article.

- *Le léopard*, Jo Nesbø, Éditions Gallimard.
- *Les vestiges du jour*, Kazuo Ishiguro, Éditions 10/18.
- *L'homme de chevet*, Éric Holder, Éditions J'ai lu.
- *Et que le vaste monde poursuive sa course folle*, Colum McCann, Éditions Belfond.
- *Effroyables jardins*, Michel Quint, Éditions Joelle Losfeld.
- *L'Adversaire*, Emmanuel Carrère, Éditions P.O.L

Personnages réguliers, récurrents et déployés

Les personnages de fiction marquent par leur personnalité, leurs audaces, leurs talents et leurs travers. Un bon moyen de séduire ses lecteurs qui s'identifient à eux. Il existe plusieurs types de personnages dans cet article : le personnage régulier, récurrent ou déployé.

Comment se constituer un lectorat fidèle avec un personnage

Il y a des auteurs qu'on apprécie car on sait exactement à quoi s'attendre de leur part. Plus précisément, je pense à ceux proposant un personnage régulier auquel on s'attache et qui, de sa présence identifiable au premier coup d'œil, irrigue l'univers créé par le romancier.

Les intrigues le concernant ne sont pas les mêmes d'une fois à l'autre, bien sûr, quoique répondant à un cahier des charges, quel que soit le genre. Mais le personnage, lui, est – presque – inchangeable. Un bon auteur veillera toutefois à le faire évoluer d'un roman au suivant, ou sur une certaine période, sans cependant bouleverser trop en profondeur les habitudes de son lecteur.

Le faire paraître sans aucune transition sous un jour totalement différent serait comme un cocufiage schizophrénique : trompé par une personnalité qu'on ne soupçonnait pas, le divorce serait vite consommé. En revanche, s'il ne varie pas de manière radicale, le personnage régulier constituera un repère dans l'univers d'un lecteur, ce vers quoi il se tournera volontiers.

Le précieux ami d'un auteur

On peut aussi se prendre d'affection pour un personnage récurrent, dont on guette les apparitions sporadiques. Il arrive parfois, quand son créateur prend conscience de l'impact positif qu'il a sur son lectorat (les réseaux sociaux facilitant à présent d'autant plus ce constat), qu'il devienne à son tour un personnage régulier. Un phénomène que l'on rencontre assez fréquemment dans les bandes dessinées (le capitaine Haddock dans *Tintin*), les dessins animés ou les séries télévisées (le personnage secondaire Saul de la série-mère *Breaking bad* devenant l'acteur principal dans le cadre du spin-off *Better call Saul*).

Le personnage récurrent deviendra vite un allié de choix pour l'auteur souhaitant se concilier des aficionados.

Frédéric Dard fera ainsi emboîter le pas de son personnage phare San-Antonio, environ trois ans après la naissance littéraire de celui-ci, à Alexandre-Benoît Bérurier, qui deviendra un incontournable de son œuvre majeure. Suivra Pinaud, dans une moindre mesure, car seul « Béru » accédera parfois au statut de premier rôle, le commissaire San-Antonio s'effaçant pour l'occasion.

Rendre un personnage efficace

L'efficacité d'un personnage récurrent tient en partie dans l'attente qu'il génère une fois qu'il a éveillé la curiosité ou la sympathie du lecteur s'il s'agit d'un « gentil » prêtant main forte au héros, ou suscité la fascination pour sa capacité à nuire ou sa cruauté si on a affaire à un « méchant », pour simplifier. En créant un manque bien dosé, un auteur aguerri peut se permettre d'éclipser un temps ce personnage : lorsqu'il revient, il est fort de notre ignorance concernant son éloignement, et on guette les indices nous dévoilant quelle vie il a menée, dissimulé dans l'ombre du personnage régulier.

Le récurrent grandit le régulier, qu'il le soutienne ou l'affronte, d'où son indispensabilité.

Conan Doyle nous a offert une particularité avec le tandem Holmes-Watson, indissociables dès leurs débuts, même si on estime que le détective donne toute sa dimension au « canon ». C'est pourtant à travers la voix du narrateur John W. que Sherlock H. existe, véritable yin et yang littéraire.

Watson, en scrutateur de leur relation, soulignera la remarquable intelligence de son ami tout autant que ses travers, le docteur s'imposant comme la poutre maîtresse de sa légende.

Je ne résiste pas à l'envie de brièvement évoquer Van Gulik et son juge Ti, non pas pour davantage éclairer la notion de personnage régulier, bien que Ti en soit un, mais pour porter à la connaissance de ceux qui l'ignoreraient l'existence de cet enquêteur inspiré d'une figure historique chinoise. À (re)découvrir.

Faire se déployer un personnage

D'autres écrivains ont choisi de créer un personnage qui se déploie dans leur œuvre sous différents noms tout en conservant des traits de caractère reconnaissables d'un livre à l'autre. Je pense entre autres à James Patrick Donleavy, dont le souffle et l'âme de son homme de gingembre n'ont cessé de parcourir la quasi-totalité de ses ouvrages. Qu'il s'agisse de Sebastian Dangerfield, George Smith, Clayton Clementine, Balthazar B. ou Darcy Dancer, ils partagent les mêmes défauts enthousiasmants et de semblables qualités mélancoliques.

Un déployé, au contraire d'un régulier, ne compte évidemment pas de récurrents dans son entourage ; cependant, on reconnaît des profils gravitant autour de lui. Chez Donleavy, ce sont les amateurs de frasques, les femmes plus ou moins fatales et les trouble-fêtes de la vie hédoniste, voire de sybarite à laquelle aspire le héros.

Installer un personnage régulier pourrait ne paraître dépendre que d'une seule condition : qu'il plaise au lecteur. Ce peut être le cas si par chance, l'histoire le mettant en lumière remporte un succès tel que son géniteur puisse entrevoir un filon, et l'exploite. L'occasion fait le larron.

S'installer face à un échiquier mental

La conscience de devoir poser les bases d'un univers avec dans l'idée de le développer réclame une démarche autre que l'écriture d'un roman « classique » : il faudra songer aux coups d'après. Aussi astucieusement qu'un joueur d'échecs peut projeter sa pensée.

On planifie d'une façon une histoire délestée après son dernier mot des échos et des réflexions qu'elle éveillera dans l'esprit de celui qui la lit.

Celle dont les ressorts narratifs sont tendus pour se propulser vers une suite s'aborde différemment. Il faut songer aux ramifications, déterminer quel personnage récurrent déclenchera tel mécanisme chez le personnage régulier, et quel autre contrariera ses visées, tout ça sur le long terme.

C'est une vision qu'on ne peut enfermer dans un seul roman, aussi faut-il mesurer l'effort à fournir : sera-t-on à même, sur la durée, d'élargir son matériau de départ sans tourner en rond ?

L'importance des à-côtés d'une histoire

Par ailleurs, gérer les personnages récurrents pourrait sembler simple puisqu'on peut faire appel à eux à l'envi afin de provoquer des rebondissements. Seulement, ils ne débarqueront pas *ex nihilo*, on devra leur inventer une histoire parallèle, même succincte, pour combler ce qui les sépare du quotidien du personnage régulier. Et enrichir cette histoire parallèle à chacune de leurs interventions. Cela exige beaucoup de rigueur, car les incohérences sont friandes d'une multiplication de destinées.

Régulier, récurrent ou déployé, ces personnages à la carrière paginée nous fixent un rendez-vous dans notre parcours de lecteur, et nous accompagnent parfois si longtemps qu'ils finissent par appartenir à la routine de notre esprit. On connaît leur boisson préférée, la marque de leurs vêtements, leurs certitudes comme leurs faiblesses. Nous sommes leurs muets interlocuteurs, les observateurs de leurs gestes. Mais bien qu'on les devine, ils parviennent à nous surprendre.

Ce petit sourire à peine conscient qu'on a quand on soulève la couverture qui les abrite vaut un Goncourt ou un Pulitzer : rien n'égale le Prix du Confident.

Car notre pensée est construite de ce qu'ils nous susurrent.

Quelques personnages réguliers qui ont fait date par leur longévité… et leur rentabilité

- **Malko Linge**, dans la série d'espionnage *SAS* (200 romans environ)
https://fr.wikipedia.org/wiki/SAS_(s%C3%A9rie_litt%C3%A9raire)

- **Mack Bolan**, engagé dans une lutte sans fin contre la mafia dans *l'Exécuteur* (600 romans environ, pour 200 millions d'exemplaires vendus)
https://fr.wikipedia.org/wiki/L%27Ex%C3%A9cuteur_(roman)

- **Remo Williams**, formé à un art martial faisant de lui un surhomme se battant (non sans humour) contre tous les visages que peut prendre le crime, dans *L'implacable* (près de 150 romans).
https://fr.wikipedia.org/wiki/L%27Implacable

Hubert Bonisseur de La Bath, qui du haut de ses 75 millions d'exemplaires vendus (pas loin de 250 romans) a fait le bonheur de nombreux lecteurs et de ses auteurs, soit la famille de Jean Bruce, femme et enfants compris, qui prolongèrent la vie du personnage après la mort de son créateur.

https://fr.wikipedia.org/wiki/OSS_117

- **Roland de Gilead**, sous la plume de Stephen King, est un pistolero qui a lui aussi rassemblé des millions de lecteurs se joignant à sa quête de *La Tour sombre*.

https://fr.wikipedia.org/wiki/La_Tour_sombre

- Dans des registres nettement moins brutaux, on peut évoquer Françoise Dupont, alias ***Fantômette*** (52 romans)

https://fr.wikipedia.org/wiki/Fant%C3%B4mette

- Alice Roy, fruit de différents auteurs, compte à ce jour 175 volumes. https://fr.wikipedia.org/wiki/Alice_Roy

- Plus proche de nous, **la saga Harry Potter**, dont chaque Moldu a probablement entendu parler.

https://fr.wikipedia.org/wiki/Harry_Potter

- Et l'inévitable **Twilight**, bien sûr, qui a vampirisé une génération. https://fr.wikipedia.org/wiki/Twilight

Bien que ne s'étendant pas de façon aussi spectaculaire que d'autres dans le temps, et n'admettant qu'un nombre de volumes assez restreint, certains titres valent d'être cités ici pour l'adhésion massive qu'ils ont rapidement suscitée.

Comment créer un personnage méchant

Indispensables aux bonnes histoires, les comportements du vilain mettent en évidence les âmes vertueuses. Plus il incarne le mal, plus l'histoire prend du relief. Créer un personnage méchant reste un défi pour l'auteur : il se doit de rendre ses comportements crédibles, imprévisibles et insupportables.

La méchanceté comme une évidence

Pour qu'il y ait un méchant, il faut qu'il y ait méchanceté. Dit ainsi, c'est un truisme, mais lorsqu'on décide de créer un personnage devant endosser le mauvais rôle, rien n'est moins évident que d'inventer des morceaux d'existence où cette méchanceté plonge ses racines, et d'indiquer si elles sont profondément enfouies dans l'entremêlement de souvenirs douloureux ou s'enfoncent à peine dans la terre meuble d'un parterre d'événements récents. Sans quoi le personnage désigné par l'auteur pour être le réceptacle de cette malveillance ne lui donnera que superficiellement corps à travers des actes gratuits, puisque sans fondement. La méchanceté *ex nihilo* est probablement la cause de milliers d'antagonistes ratés au cours des siècles.

Les ancres de la malveillance

Pour construire un méchant, on doit donc connaître l'origine de la haine qui l'anime, sauf à supposer qu'il existerait un mal à l'état naturel prenant possession de la conscience d'une personne dès sa naissance. Je pencherais plutôt pour considérer la méchanceté comme un vice caché dans la machine humaine amenant cette dernière à se dérégler selon les nombreux leviers que notre passage sur terre nous encourage à activer : volonté de nuire comme ligne de défense, soif de s'affirmer quitte à briser les digues préservant la vie en société des éclaboussures de l'âme, jalousie entraînant des réactions disproportionnées... Bref, tous ces moteurs auxiliaires pouvant un jour ou l'autre altérer notre conduite habituelle au point d'inciter n'importe qui à effectuer un pas de côté de sa propre normalité. Ce sont ces troubles de la personnalité sur lesquels il est important de se pencher afin de créer un entrelacs de causes apportant de la crédibilité aux actions de notre méchant, jusqu'à fournir un point d'ancrage à celles paraissant les plus dénuées de sens.

La bible des raisons de la toxicité mentale

Soyons heureux, il existe en ce domaine une véritable bible qui, si elle est avant tout dédiée au cinéma et à la télévision, recense sur à peu près 200 pages tous les mécanismes faisant qu'une personne peut basculer vers ce qui n'est pas le meilleur d'elle-même : *Psychologie des personnages – Manuel pratique – Comment le cinéma et la télévision utilisent les troubles de la personnalité* (Dixit Éditions).

J'ai sélectionné quelques questions de cet ouvrage comme on cueillerait différentes fleurs dans une prairie où proliféreraient les essences les plus toxiques. Voici mon bouquet :

« **Définir un sens de soi**
Le personnage est-il conscient des frontières sociales ? Des frontières physiques (corporelles) ?
Définir le fonctionnement cognitif
Le personnage démontre-t-il une progression logique dans sa pensée ?
Définir la colère du personnage
Le personnage a-t-il déjà résolu un problème par la violence ?
Définir les espoirs et les aspirations
Quelle est la pire chose qui ne soit jamais arrivée au personnage ? »

Ce ne sont que quatre axes prélevés presque au hasard parmi des dizaines d'autres, quatre projecteurs braqués sur celui que vous devrez mettre en lumière pour en faire ressortir les zones d'ombre : votre personnage méchant. En creux, on comprend que les réponses apportées à ces interrogations détermineront quels dysfonctionnements nourriront son profil et dicteront avec la *logique* qui lui est propre ses débordements présents ou à venir.

La liste de courses du Mal

Créer un méchant ne reviendrait finalement qu'à établir rien de plus effrayant qu'une sorte de liste de courses du Mal ? Eh bien oui ! Enfin, disons que c'est comme posséder des crayons de plusieurs couleurs pour entreprendre le dessin d'un portrait : pour qu'il soit ressemblant, il faudra cependant que chaque trait soit étudié, chaque comportement resitué dans un contexte.

Tutoyer la violence

Prenons simplement la première question afin d'esquisser les contours de notre personnage, et voyons quels horizons elle peut ouvrir :

« Le personnage est-il conscient des frontières sociales ? Des frontières physiques ? »

Ce qui me vient immédiatement à l'esprit pour la première partie de cette question, c'est le tutoiement d'une personne que l'on ne connaît pas, dans le cadre d'une première prise de contact professionnel, par exemple. Notre personnage, appelons-le Paul, adopte d'emblée un système de communication pouvant faire qu'on l'envisage comme quelqu'un de très cordial, à l'aise d'un point de vue relationnel, ou bien intrusif dans son approche des autres, imposant immédiatement ses règles du jeu afin de tout de suite prendre l'ascendant sur son interlocuteur.

Puisque Paul est notre personnage méchant, nous opterons pour cette dernière vision des choses. Voyons ce qu'elle pourrait révéler de lui : il est directif, voire dominant, et il reviendra à l'auteur de sous-entendre qu'il est préférable de ne pas le contrarier dans sa volonté de s'affranchir au plus vite des convenances. Sous des dehors charmants, voire charmeurs, dans un premier temps. Sous des dehors qui cachent quelque chose, si vous préférez...

La seconde partie de la question, à la lumière du caractère dirigiste de Paul, revêt une tournure inquiétante : si on ne fonctionne pas selon les codes définis par Paul (le tutoiement en étant un entre dix ou cent), que se passera-t-il ? Sa poignée de main se fera-t-elle un jour plus forte et plus prolongée qu'elle ne le devrait – tiens, d'ailleurs, on dirait qu'il ne connaît pas sa force... ou qu'il la connaît trop bien ? –, envahira-t-il l'espace vital de son collègue par des gestes ou un positionnement physique inapproprié (un dossier jeté sur un bureau plutôt que posé, un forcement de passage quand la porte de l'ascenseur s'ouvre, etc.) ?

Paul ne serait-il pas en train de dévoiler sa véritable personnalité alors qu'à l'éclat d'ordinaire rieur de ses yeux se substitue de plus en plus souvent un regard froid ?

Paul est-il *normal* ?

Je préfère ne pas allumer les trois autres projecteurs, sinon la part des ténèbres de Paul, comme l'aurait dit Stephen King, va bientôt nous apparaître encore moins fréquentable que celle de ce cher Hannibal Lecter !

Toutefois, vous vous doutez bien combien peut être déterminante la dernière fleur de mon bouquet : « Quelle est la pire chose qui soit arrivée au personnage ? »

Ou pourquoi et comment Walter White devint Heisenberg ?

Comment créer un personnage meth et méchant ?

Connaissez-vous la série télévisée américaine *Breaking bad* ?

Si oui, vous savez qui est Walter White, alias Heisenberg, dit le cuisinier, fabricant de méthamphétamine plus doué que quiconque dans son domaine.

Dans le cas contraire, laissez-moi vous présenter ce modeste professeur de chimie devenu une fois la cinquantaine franchie un des plus infâmes salauds que la terre ait jamais porté. S'il s'agit, pour lancer l'histoire, de parler d'un cancer du poumon qu'un médecin lui diagnostique, ce sont bien les métastases de son ego qui se développe jusqu'à ce que la monstruosité froide sommeillant dans son esprit s'impose de façon brutale à ceux se mettant en travers de son chemin. Un épisode après l'autre, on verra l'évolution de cet homme persuadé d'agir pour le bien de sa famille et de ses amis. Ce qui est vrai et ne l'est pas, car rien n'est tout noir ni tout blanc. Cette ambigüité permanente en a fait un personnage fascinant jusqu'à la révulsion, ou révulsant jusqu'à la fascination.

Breaking bad lui doit en grande partie son succès phénoménal, l'ambivalence de son rôle faisant qu'on trouverait certains de ses agissements justifiés, aussi répréhensibles soient-ils. Dès son premier pas en dehors de la légalité, c'est dans une nasse qu'il s'engage. On pourrait le dire de tous ceux empruntant des chemins de traverse condamnables, seulement Walter White, transformé en Heisenberg, possède une intelligence exceptionnelle donnant à chacune de ses décisions une conséquence tant radicale que réflexive. Dans l'acte souvent violent qui traduit ses choix, une issue de secours lui semble toujours promise. Contrairement aux gouapes ordinaires, son empreinte demeure aussi durable sur l'astre des truands que celle imprimée par Neil Armstrong sur la Lune.

Bien que la supériorité intellectuelle de White ne l'empêche pas de commettre des erreurs irréparables — lui-même ou son entourage finissant par en payer le prix à des degrés divers —, il demeurera jusqu'à la fin de l'histoire celui qui aura finalement tout contrôlé, chef d'orchestre glaçant du chaos.

Un méchant doit appuyer sur la gâchette de son destin

C'est nourri de ses contradictions que Walter White oscillera au fil des saisons dans la conscience des téléspectateurs entre fumier ultime et homme en quête de ce que le destin lui avait jusqu'alors refusé d'être : lui-même en tant qu'âme mise à nue, le type appuyant sur la gâchette de son destin.

Peut-on rêver méchant mieux construit ? Il est en tout cas bon de s'inspirer de sa part complexe, des démons contre lesquels il lutte et de ses certitudes le menant au désastre. Pour, à notre tour, bâtir une personnalité à laquelle notre lecteur détestera s'attacher.

Références

Psychologie des personnages – Manuel pratique – Comment le cinéma et la télévision utilisent les troubles de la personnalité, Howard M. Gluss PH.D, Scott Edward Smith, Dixit Éditions.

La part des ténèbres, Stephen King, Éditions Albin Michel.

Le silence des agneaux, Thomas Harris, Éditions Albin Michel.

Le rôle de la menace dans la méchanceté

Impalpable, omniprésente, la menace irrigue la pensée de la victime de sa toxicité pour susciter la peur. C'est ainsi qu'elle assoit son emprise et injecte la souffrance morale tel un goutte à goutte dans l'esprit du personnage torturé. Cette permanence d'effets pervers confère au méchant une présence décuplée jusqu'à prendre la forme d'un traumatisme.

La menace efficace hante l'imagination

Bien des personnages littéraires destinés à commettre des actes ignobles m'ont marqué. Je pourrais en citer des dizaines dont le seul nom vous remettrait en mémoire quelles pourritures majeures leurs auteurs ont voulu qu'ils soient. Et sont parvenus à leurs fins. Ce n'est pourtant pas du plus célèbre d'entre eux dont je vais vous parler, bien qu'il hante quelques pages d'un chef-d'œuvre du genre fantastico-horrifique : Tom Rogan.

Qui ? Rogan, ce timbré qui dans *Ça*, de Stephen King, m'a glacé le sang en proférant à l'endroit d'une femme des menaces d'un surréalisme si froid qu'elles ont frappé mon imagination.

Voici ce que ce brave Tom dit à sa victime après l'avoir passée à tabac : « Si tu appelles la police et leur racontes que j'étais ici, je le nierai. Tu ne peux rien prouver, rien du tout. C'est le jour de congé de la bonne, et nous sommes tout seuls. Bien entendu, ils pourraient tout de même m'arrêter, c'est toujours possible, hein ? »

Elle acquiesça de nouveau machinalement, comme si des ficelles faisaient bouger sa tête.

« Si ça arrive, je paye ma caution et je reviens tout droit ici. On retrouvera tes nichons sur la table de la cuisine et tes yeux dans le bocal à poissons. Suis-je assez clair ? On a bien compris Tonton Tommy ? »

La souffrance du *peut-être*

Cette vision des seins d'une femme posés sur une table de cuisine comme des flans de chair sanguinolents dégoûtants sur une planche à pain est terrifiante ; celle d'un poisson louvoyant entre deux globes oculaires qui flottent derrière une paroi de verre a de quoi traumatiser. C'est le but d'une menace de produire cet effet tétanisant au point de réduire le courage en cendres.

Ce n'est plus une question de survie, mais de ne pas vivre ce qu'on nous a promis, ce qui n'est pas arrivé et qui *peut-être* n'arrivera jamais. La menace est toute contenue dans ce *peut-être* : j'ai horriblement souffert, mais *peut-être* ai-je échappé à bien pire. Et si je me tais, *peut-être* n'aurai-je pas à endurer ce qui rien qu'en pensée me pétrifie.

C'est de ce sentiment horrible qu'il faut tirer une force malsaine pour rendre crédible votre méchant. Si vous craignez d'être déviant le temps de trois ou quatre pages, cet article ne vous concerne pas.

Rendez la menace crédible et inévitable

Quand la menace rend le méchant invulnérable

À partir du moment où elle pèse sur quelqu'un, la menace procure une force presque inaltérable à celui dont elle émane, en même temps qu'elle réduit à néant son destinataire. Du moins quand elle s'exprime avec la férocité des paroles d'un Tom Rogan. Ou quand chaque mot tombé des lèvres est capable de vous lacérer.

Il faudra imposer cette toute-puissance à votre lecteur afin qu'il redoute chaque agissement de votre méchant, jusqu'à lui inspirer de l'appréhension à chaque fois qu'il interviendra dans votre histoire. Par ailleurs, plus l'adversaire sera coriace, plus le plaisir sera grand de voir votre héros en venir à bout.

Ou pas, si votre fin se veut empreinte d'un pessimisme qui figera votre lecteur dans l'incrédulité du mal l'emportant sur toutes les valeurs défendues par votre héros durant 400 pages. Le monde tel qu'on le connaît voudrait que peu de choses se finissent bien, quand on y songe, aussi un happy-end n'est-il pas toujours souhaitable.

Quand l'impunité fait la courte échelle à la menace

L'impunité est l'un des ferments fortifiant l'écorce de la menace. La sensation d'invulnérabilité, de pouvoir à chaque instant recroqueviller son poing sur le monde, donne la plus dangereuse des libertés d'esprit à un personnage habité des pires intentions. Vous obtiendrez ainsi un méchant efficace si vous le dotez aussi longtemps que nécessaire d'une carapace le protégeant de ce que nous voudrions le voir le mettre hors d'état de nuire : la justice.

Vous cristalliserez la rancœur à son encontre en entrebâillant deux ou trois portes dérobées lui permettant au dernier moment de s'extraire d'un étau que votre lecteur estimait pourtant d'une extrême solidité. Si vous le mettez en position de narguer les avocats voyant leurs preuves s'effondrer, à cause par exemple de témoins récusés pour une raison ou une autre, sa dangerosité augmentera.

Celui sur lequel tous les soupçons portent et qui multiplie les esquives au point d'en devenir insaisissable est un méchant presque parfait. Votre lecteur enragera de le voir se jouer de toutes les procédures, et par répercussion le capital sympathie de ses victimes et des personnes chargées de le coincer grimpera en flèche. Soustrayez les risques qu'il se fasse prendre des chances de ses potentielles victimes de lui échapper : les émotions ont leur propre mathématique.

Le caractère prégnant et coriace de la menace

Tuer un méchant

Les méchants ont la peau dure. Si quelqu'un doit survivre à une gigantesque explosion, ce sera notre salopard de service. Le genre de type qui le 6 août 1945 aurait quitté Hiroshima sans autre désagrément qu'un peu de poussière sur l'épaule de sa veste.

N'hésitez cependant pas à faire croire le temps d'un chapitre ou deux que la menace qu'il représentait est définitivement évacuée. Donnez même à votre lecteur ce qui pourrait ressembler à un indice allant dans ce sens. Quand tout le monde aura respiré un grand coup, il sera temps de remettre une bonne giclée d'adrénaline dans votre récit en le faisant revenir sur le devant de la scène quand plus personne ne s'y attendait.

Celle ou celui qui mettra un terme aux agissements du méchant ne doit pas obligatoirement être sa victime, bien que le côté libérateur soit logiquement amplifié quand c'est le cas. L'apport d'une tierce personne pour le supprimer consiste à entretenir le suspense quand la victime, à la merci du méchant dans le dernier acte, trouvera ou non son salut dans cette intervention.

Inscrire une peur dans l'inconscient de quelqu'un

Une menace, au fond, n'est que ça : semer la frayeur en espérant l'éclosion de fruits toxiques. Une fois ancrée dans l'esprit d'une personne, la peur est riche de possibilités néfastes. Elle peut paralyser l'intellect de la personne qui en est la cible, court-circuiter ses facultés de raisonnement jusqu'à la panique. C'est une donnée essentielle à exploiter dans le traitement du personnage devant faire face à cette pression continue.

Il faut s'imaginer à la place de quelqu'un n'ayant plus une minute de répit pour ne serait-ce que *réfléchir*. Car c'est bien la réflexion qui, altérée, conditionnera les actes et provoquera les erreurs de la victime. L'arracher au rythme infernal des journées gorgées de questions auxquelles succèdent des nuits sans réponses demandera à l'auteur de lui faire franchir un cap.

C'est en faisant se confronter notre héros ou notre héroïne aux pires difficultés qu'on rend sa progression intéressante. En ce sens, la menace est gage d'évolution. Un levier puissant à ne surtout pas négliger, donc.

Souvenez-vous bien de ça.

J'aimerais ne pas avoir à le répéter, aurait dit Tom Rogan…

Le vice à l'œuvre

La malice à déjouer toutes les règles morales, la joie de jouir de sa propre cruauté, assumer ses travers jusqu'à s'habituer à l'excès… autant de manifestation du vice. Cet atout du méchant, habile à porter préjudice aux autres personnages les pousser ainsi à réagir et à se défendre.

L'expression du vice

La cruauté fascine par sa manifestation inattendue : proposer autre chose qu'un sicaire ordinaire

Pour occire un personnage, selon l'effet recherché, le méchant peut recourir à la classique tronçonneuse pour le découper vivant ou l'étouffer avec un coussin péteur. Ou tout procédé létal plus ou moins rigolo.

La littérature regorge de tueurs à gages et de « lieutenants » qui pour gravir les échelons glissants du crime se cramponnent à leur flingue. Il en existe de remarquables par le raffinement dont ils font preuve dans la cruauté, mais ils ne sont pas légion à s'être démarqués du tout-venant, se contentant la plupart du temps de vider le chargeur de leur automatique dans le cœur, le ventre, le dos, la tête – alouette – de leurs victimes.

D'autres, très inventifs, possèdent un « outil de travail » plus inattendu, comme le pistolet à tige alimenté par une bouteille d'air comprimé de l'implacable Chigurh (*No country for old men –* Cormac McCarthy) ou le terrifiant objet ressemblant à une boule de billard, mais qui n'en est pas une – oh non ! – utilisé par un mystérieux tueur sévissant en Norvège (*Le léopard –* Jo Nesbø).

Le caractère volatil d'un assassin

Pour rester dans le domaine des tueurs d'exception, et combiner l'art de l'assassinat à celui sans pareil de la manipulation, notre regard va se tourner vers Jean-Baptiste Grenouille. Qui de plus indiqué pour humer les fragrances d'un meurtre ? Patrick Süskind a créé le monstre idéal, celui qui du rang de victime passe à celui de bourreau méticuleux, presque précieux. L'à peine homme qui de ses crimes tire la formule du bonheur.

Si le phénomène littéraire que représente *Le Parfum* (vingt millions d'exemplaires vendus en vingt ans) a été mille fois analysé, autant d'avis comme autant de flacons débouchés, ce n'est pas pour rien tant son auteur propose une figure inédite du crime. La narration au cordeau de Süskind agit comme le révélateur de l'âme de son personnage dont on découvre au fil des pages l'horreur délicate.

Lorsque son parcours s'achève dans un moment d'effroi lumineux, on a conscience du tour de force accompli par l'écrivain allemand pour nous conduire jusqu'à cet aboutissement logique : celui qui haïssait les hommes viendra trouver une forme de rédemption en s'offrant à eux et en leur permettant à travers un acte d'une incroyable violence d'atteindre une forme d'amour. Il était plus que difficultueux de boucler cette boucle-là, mais Süskind donne la plus juste des touches finales à son chef-d'œuvre, le rendant dans l'instant incontournable.

Passez de la menace à la manifestation du vice

Le gore comme élément de la méchanceté

N'épargnez rien à votre lecteur quand vient le moment de décrire les choses telles qu'elles sont. Ne soyez pas avare de détails, sans toutefois en rajouter. Le bon dosage ? Visez plus l'écœurement que le vomissement. Certains auteurs font la course au mauvais goût en pensant à tort que le réalisme se plaît dans le sordide et la tripaille. Quitte à recourir à des facilités n'honorant pas leur prose. Ce n'est pas en exhibant des viscères que la terreur s'insinue dans notre esprit, au contraire, ça peut prêter à la rigolade.

L'excès est souvent sujet de moqueries, ayez bien ça en tête. Par contre, si l'intrigue exige qu'un cadavre soit dépecé, que pour une raison faisant sens un tueur déguste un globe oculaire, il faudra l'écrire dans les meilleurs termes. D'une scène saignante il ne faut pas trop en dire, mais bien l'expliquer. Poser l'œil froid d'un médecin légiste sur la souffrance de la victime n'exclut pas l'exaltation d'un tueur quand sa sauvagerie écume. C'est tout un talent de faire l'autopsie d'un esprit détraqué, d'éventrer son âme.

En la matière, Jack Ketchum est un de mes maîtres : il m'a tellement mis mal à l'aise, en même temps qu'il me fascinait avec *Une fille comme les autres*, que j'hésite à relire ce bouquin. Les terribles sévices commis par des enfants sous l'emprise psychologique d'une femme à la perversité absolue sont insoutenables. Je vous en recommande néanmoins la lecture si vous avez le cœur bien accroché. Rien que pour la parfaite maîtrise de la tension allant crescendo.

Il va bien falloir tuer quelqu'un

Peut-être rechignez-vous parfois à expédier l'un de vos personnages au cimetière ? C'est qu'on s'y attache, à ces êtres faits de lignes, de mots, de verbes et d'astuces stylistiques. Quelle sage-femme voudrait ôter la vie à un enfant qu'elle a fait naître ? Un écrivain, bien sûr.

C'est justement parce qu'on a pris soin de construire un personnage qu'il nous reviendra de l'envoyer *ad patres*. Pour chagriner notre lecteur, faire avancer l'intrigue, provoquer des réactions, justifier le changement radical d'un autre personnage, bref, pour tout un tas de bonnes raisons. Et pour que son décès entraîne des chamboulements majeurs de votre histoire, il lui faut acquérir le temps que vous voudrez bien le garder en vie une importance telle que son absence devra être sentie comme un véritable vide par le lecteur. Si ce dernier ne ressent pas un manque lors de sa disparition, on peut le considérer comme raté. Ça vaut autant pour un personnage « bon » que pour un personnage « méchant ». La disparition d'un méchant réussie doit créer un soulagement intense, et dans le cas où quelqu'un lui succède dans ce rôle, sa capacité de nuisance sera nécessairement supérieure à la sienne, sans quoi il paraîtra fade.

On manque rarement de possibilités au moment de zigouiller. Le geste du méchant/tueur est à mon sens aussi important que le cheminement l'ayant amené à le commettre. Ça doit dire quelque chose de lui, du moins si on a eu soin d'y associer des antécédents révélateurs, comme au cours de l'adolescence couper les oreilles d'un chat ou dans un mouvement d'humeur casser la clavicule d'une camarade de classe. Cela rejoint une théorie supposant qu'un meurtrier, d'une manière ou d'une autre, est conditionné par son passé au passage à l'acte quand l'envie – oserais-je dire le besoin ? – d'expulser un de ses congénères du monde des vivants se manifeste.

Quand le vice alimente les plus grandes ambitions…

Le méchant voit les choses en grand

En un seul livre, Joseph Kessel a pratiquement tout dit de la méchanceté ordinaire, des atrocités qu'elle a mises sous barbelés. *Les mains du miracle*, avant d'être un chef-d'œuvre, est l'auscultation du mal administratif et la vision du détachement d'un homme face à l'horreur qu'il a en charge d'organiser. C'est pour être soulagé de sa propre douleur qu'il acceptera d'un peu réduire celles qu'il lui revient d'infliger aux autres. Pas par humanité – impossible d'en trouver une once chez Himmler –, par bien-être.

Désignant à la fois l'anonymat de la terreur et ceux la personnifiant, Kessel fait remonter à la surface les cadavres de l'Histoire sans avoir besoin de forcer le trait pour dessiner les contours d'une Étoile jaune déchirée à jamais.

Si la liste des petits chefs astiquant les bottes des dictateurs est sans fin, peu ont « bénéficié » d'une plume si habile que celle de Kessel. On peut bien sûr citer l'excellent Marc Dugain nous faisant partager l'intimité de Staline, lui-même commandant aux brutes de l'appareil policier dans *Une exécution ordinaire*.

On trouve à des échelons inférieurs de ces tueries organisées, s'il faut graduer l'innommable, les tueurs de masse, souvent animés par une haine de la société et dont la finalité n'est autre que d'abattre le maximum de personnes en une seule fois (à la différence du tueur en série), peut-être leur propre mort.

Ceux qui ne nous tuent pas nous rendent moins forts

Un méchant n'est pas obligé de faire passer son prochain de vie à trépas pour appartenir au gotha des nuisibles dangereux : la perversité intellectuelle est une arme des plus redoutables s'agissant de provoquer le dépérissement de quelqu'un à petit feu sans jamais le toucher, l'effleurer d'un regard valant le plus féroce des coups de poignard. L'obstination mise par les tortionnaires mentaux à affaiblir leur victime jusqu'à ce que ses défenses tombent une à une, la laissant moralement exsangue, en deviendrait presque admirable !

La ruse de ces sinistres individus pour parvenir à leurs fins destructrices vaut à elle seule l'achat d'un roman quand elle est exposée avec talent, car soyons honnêtes : lorsque cette emprise machiavélique ne s'exerce pas à notre détriment, on est comme subjugué de voir à l'œuvre un esprit manœuvrier – tout en pensant *in petto* : quelle ordure, ce type ! Et, bien entendu, vite tourner la page pour voir jusqu'où ladite ordure ira.

Références

No country for old men – Cormac McCarthy, Éditions Points
Le léopard – Jo Nesbø, Éditions Folio
Le Parfum – Patrick Süskind, Éditions Le Livre de Poche
Une fille comme les autres – Jack Ketchum, Éditions L'Ombre de
   Bragelonne
Les mains du miracle – Joseph Kessel, Éditions Folio
Une exécution ordinaire – Marc Dugain, Éditions Folio

Comment doter vos personnages d'une vraie sensibilité ?

> **Sensibilité** : propriété de l'être humain sensible (traditionnellement distinguée de l'intelligence et de la volonté).

> **Sensible** : capable de sentiment, apte à ressentir profondément les impressions.

Que faut-il faire pour que le lecteur accède à ce qui demeure presque impalpable dans la réalité ? Comment faire en sorte de lui permettre de toucher du doigt les sentiments du personnage ?

Dans la littérature, point de sensibilité, sans crédibilité ni cohérence

Alimentez la réflexion du lecteur par le personnage

Après avoir élaboré l'architecture d'une histoire, on doit faire évoluer des personnages à l'abri de la charpente qu'est ce plan. En théorie, on sait qui fait quoi, et dans notre esprit la destinée de chacun est connue. S'il n'est pas obligatoire d'attribuer à l'ensemble des protagonistes un schéma intellectuel fouillé, ceux qui occuperont le devant de la scène auront la lourde tâche de fournir matière à cogiter à notre lecteur. Avec en toile de fond le discours anecdotique des troisièmes couteaux et le manichéisme de certains seconds rôles, la profondeur viendra de la façon dont votre tête d'affiche pense et agit, de ses failles comme de ses atouts.

Apprenez à connaître votre personnage

Posez-vous des questions par rapport à votre personnage comme vous le feriez pour une personne rencontrée dans la vie réelle : qu'est-ce qui peut le rendre fou furieux ? Qu'est-ce qui risque de l'attrister ? Quels sont ses rêves ? Quels sacrifices consentirait-il pour les réaliser ? Aimerait-on l'avoir pour ami ?

près tout, vous êtes amené à le côtoyer un certain bout de temps, alors autant savoir à qui vous avez affaire. Créer un personnage ne garantit pas de le faire progresser logiquement si on ne prend pas soin de sonder son âme – oui, il faut le plus sérieusement du monde considérer qu'il en possède une.

Menez votre personnage à la baguette pour éviter les fausses notes

La différence de taille entre une personne de chair et de sang et un être de papier est qu'il nous revient d'orchestrer la totalité des émotions de ce dernier. Les changements que l'on peut opérer chez les autres dans notre quotidien sont évidemment – et heureusement – limités par leur propre personnalité.

L'unique contrepouvoir dont le personnage est détenteur réside dans la cohérence du récit. Si un auteur lui fait prendre des décisions allant à l'encontre de la logique globale de son histoire, les deux perdront toute crédibilité.

Sachez réfléchir à la place de votre personnage

Afin d'éviter qu'un personnage agisse en dépit du bon sens, il y a un préalable à respecter : l'avoir parfaitement cerné avant sa première apparition. Il ne doit pas se mettre à exister au moment où il est évoqué la première fois, mais bien en amont grâce au travail préparatoire que vous aurez effectué.

Pour ce qui nous intéresse aujourd'hui, c'est ce qui l'affecte ou le stimule qui compte, ce qui conditionne sa réflexion. Cela passe par la constitution d'un vécu déterminant ses choix, ses réactions, ses croyances, ses craintes, etc. Ce qu'il est au fond de lui et qui influencera votre histoire de manière significative. Ce que le lecteur retiendra de lui après avoir refermé votre livre.

Créer vraiment des relations d'intimité

Faites en sorte que votre personnage devienne un intime du lecteur

On n'est vraiment touché que par ce qu'on perçoit de viscéralement sincère. Voilà ce que j'entends notamment par *vraie sensibilité*. Or les notions de bien ou de mal, c'est ce qui nous frappe. L'éclat de pitié dans l'œil du monstre ou la lueur de défi dans le regard du condamné valent tous les discours. Comment traduire ça ? Pour que le lecteur en éprouve toute la force, il faut que le personnage lui devienne non seulement familier, mais pour ainsi dire intime. Il ne faut pas y voir un empêchement à surprendre le lecteur en rendant le comportement du personnage trop prévisible, mais la possibilité d'accéder aux motivations de ce dernier.

Devenez le médecin de votre personnage

Évitez de présenter une scène importante sans passer par le filtre des émotions du personnage, comme la facilité nous y pousse en employant ce genre de phrases : « Jack embrassa Rose passionnément » ou « Rose gifla Jack sèchement » (on dirait bien qu'elle n'a pas apprécié le baiser). Vraiment, dit ainsi, qui est-ce que ça transporte, qui cela émeut-il ? Mon exemple peut paraître caricatural, pourtant cette pauvreté de traitement est très répandue. Pourquoi ? Parce qu'une formule toute faite remplace dans l'esprit du lecteur la nécessité de la réflexion. C'est une dénutrition passionnelle et intellectuelle, ni plus ni moins.

Utilisez gifle et baiser pour faire vibrer votre personnage (et votre lecteur)

Un baiser comme une gifle, et tous les motifs de chamboulement acquièrent leur puissance dans l'affolement d'un cœur, celui sur lequel votre stéthoscope d'écrivain doit constamment demeurer appuyé. Chaque réaction étudiée pour interpeller votre lecteur peut bénéficier du bagage émotionnel de votre personnage. Cela exige d'être en permanence à son écoute, c'est-à-dire questionner le vécu élaboré par vos soins dès qu'il est de nature à conférer toute sa logique à une situation. Quand vous estimez qu'une réminiscence peut accroître la crédibilité d'un comportement et/ou en amplifier la portée, recourez-y.

Comment utiliser votre sensibilité d'auteur ?

Embrassez la cause de votre personnage

Rappelez-vous qu'une des règles d'or est de vous servir des racines de votre personnage afin que votre lecteur mesure l'ampleur de ce qu'il ressent au moment où il le vit. Mettons que le Jack de mon exemple se soit juré de ne plus aimer une autre femme que la sienne – appelons-la Léa –, disparue tragiquement. Ce qu'il éprouvera en tombant de nouveau amoureux, malgré sa promesse, imprégnera ce baiser d'une charge émotive dépassant le cadre de la séduction ou de l'envie. À chacun de traduire ce sentiment conflictuel de sorte que cet instant marque votre lecteur plus durablement qu'un « simple » élan passionné. Jusqu'à, pourquoi pas, en faire un point de bascule de votre récit ou dans l'évolution de votre personnage.

Il ne le comprit pas sur le moment, mais le baiser que Jack donna à Rose incendia son serment. Il n'en resta que des cendres sans signification ni réelle importance. Jamais dans son esprit le visage de Léa ne parvint à en renaître. Un phénix mourait, peut-être pour une chimère.

Frappez l'imagination de votre lecteur avec la gifle de votre personnage

Porter la main sur quelqu'un n'est jamais anodin, aussi quand la Rose de mon exemple baffe ce pauvre Jack (qui peut-être l'a mal embrassée, après tout), il peut être intéressant de savoir ce qu'au-delà de son côté impulsif ce geste possède de révélateur. Bien sûr, vous aurez auparavant pris soin d'informer votre lecteur d'une situation où, encore gamine, une Rose victime de parents maltraitants voyait son univers d'enfant s'effondrer. D'abord évoqué sans entrer dans le détail, ce passé prendra toute sa dimension au terme d'une scène sous haute tension.

En s'abattant violemment sur la joue de Jack, la main de Rose ne venait pas seulement de combler la distance la séparant du visage du jeune homme, mais avait aussi traversé les années. Une fois la gifle administrée, elle se mit à trembler tandis que remontaient en elle des images refoulées depuis tout ce temps. Dans le regard abasourdi de Jack, elle découvrit ses propres yeux d'enfant adresser un lourd reproche à la femme qu'elle était devenue.

Renvoyez son propre écho à votre personnage

Quand un auteur crée une fêlure chez son personnage, qu'il l'élargisse ou la referme, l'essentiel est qu'il en fasse *toujours* quelque chose. L'écriture est une armée de mots régnant sur l'esprit du lecteur grâce à des stratégies. On ne doit jamais évoquer une tuile qui tombe d'un toit sans qu'elle finisse par heurter un crâne. Quand cette tuile est une des émotions définissant la sensibilité de notre personnage, il faut être certain qu'elle atteigne sa cible. Autrement dit, visez juste quand la question se posera de savoir à quel moment un trait de votre personnage esquissé au premier chapitre trouvera un écho cent pages plus loin.

Distillez une part de votre sensibilité dans votre personnage

En tant que personne, on hésite parfois à se dévoiler. Certains de nos personnages nous servent à projeter ce que nous sommes, et ce sont alors nos propres sensibilités qu'on donne en pâture à notre lecteur sans qu'il le sache – bien que parfois il flaire l'odeur du sang d'encre. Difficile d'être mieux placé que soi pour étaler sous plusieurs couches littéraires divers ressentis, les choses qui nous taraudent comme celles dont on estime pouvoir parler en connaissance de cause : tout cela servira à la fois notre pensée et notre personnage. Quand nous pleurons, c'est lui qui se mouche !

Comment rendre un personnage charismatique

Les personnalités éblouissantes, magnifiques de cœur, d'esprit, nous charment et exercent une telle attractivité qu'elles en deviennent irrésistibles. Comment créer de tels effets sur son lecteur ? C'est ce que vous explique cet article.

Quand la fadeur engendre l'ennui

Faites de l'œil à votre lecteur

On oublie parfois qu'une bonne qualité littéraire et une intrigue bien construite ne garantissent pas le succès d'un livre. Si les personnages principaux sont trop fades, on se désintéresse assez vite de ce qu'il peut leur arriver. Il est donc primordial de se lancer dès les premières lignes dans une entreprise de séduction auprès du lecteur en lui proposant des héros qui le charmeront à coup sûr, par leur singularité, leur capacité à en imposer, leur vivacité d'esprit, leur courage, leur fantaisie, etc.

Il est beau mon héros, il est beau !

Même quand il est moche, le héros doit être beau. Magnétiquement beau. D'une manière ou d'une autre. Vous vous attacheriez à un personnage dont rien n'irradie, blanc ou noir ? Non, bien sûr : il faut qu'il possède ce petit truc en plus qui fait qu'on le remarque et qu'on ait envie d'en savoir plus sur lui.

Nul besoin pour autant qu'il possède un regard ravageur, une bouche sensuelle, un teint parfait et un nez digne de figurer en couverture de *Bistouri magazine* ; le magnétisme domine la perfection des traits. La personnalité a l'ascendance sur le physique à condition qu'elle puisse s'exprimer. Ça tombe plutôt bien, vous êtes à la manœuvre pour que ce soit le cas.

Offrez un ami à votre lecteur

On aime les gens sympathiques, qui à la différence de l'encre du même nom ne disparaissent pas quand on a besoin d'eux. On souhaite donc toujours avoir quelqu'un de rassurant et compréhensif à portée de main quand ça barde dans notre vie. Si on a de la chance, c'est le cas.

Mais on n'est pas toujours veinard. Créer un personnage charismatique permet au lecteur le temps d'une nouvelle ou d'un roman d'avoir une « personne » auprès de laquelle se réfugier, c'est important de l'envisager ainsi. Quelqu'un qu'il adorera écouter à défaut de pouvoir lui parler. Aussi faut-il faire en sorte que notre personnage dégage quelque chose de très positif, une puissante aura.

Quand l'absence crée le charisme

Kurtz, ou le charisme anticipé

Dans *Le cœur des ténèbres*, l'écrivain Joseph Conrad met en avant l'extraordinaire personnalité de Kurtz par l'intermédiaire de Marlow, le narrateur, sans que ce dernier ait été mis en sa présence. L'attrait et la fascination qu'exerce Kurtz sur Marlow sont contenus dans tout ce qu'il se dit de lui en attendant que cette rencontre ait lieu, soit très tardivement dans le roman. Aussi le charisme de Kurtz tient-il autant dans des rumeurs et des croyances que dans ce que la réalité révèlera, démentira ou confirmera lorsque les deux hommes se trouveront.

Ce qu'on ignore d'un personnage le rend plus fort

Ce procédé renforce chez le lecteur le sentiment de la dimension peu commune de Kurtz tant est long le cheminement de Marlow, au propre comme au figuré, afin de se rendre jusqu'à lui. Et d'y parvenir *préparé*, dans la disposition d'esprit nécessaire à appréhender l'entièreté de Kurtz. L'une des forces du livre réside dans ce que ce moment se nourrit d'être sans cesse différé, Conrad construisant l'aura de Kurtz au cours d'une succession de péripéties qui sont autant de strates de la conscience que Marlow a de lui. La puissance de ce personnage autant fantasmé que réel s'exprime donc principalement dans les réflexions de Marlow. Voici par exemple ce qu'il lui inspire :

« [...] j'avais entendu dire que M. Kurtz s'y trouvait. Dieu sait d'ailleurs que j'en avais bien assez entendu parler ! Et pourtant, bizarrement, cela n'évoquait aucune image, comme si l'on m'avait raconté qu'un ange ou un démon vivait là. J'y croyais comme l'un de vous pourrait croire qu'il y a des habitants sur la planète Mars. »

« L'essentiel, c'était qu'il était doué et que, de tous ses dons, le plus remarquable, celui qui lui donnait une réelle présence, c'était son aptitude à parler, son verbe ; ce don de l'expression, déroutant, lumineux, ce talent des plus nobles et des plus méprisables, flot vibrant de lumière ou flot de mensonges, jailli du cœur des impénétrables ténèbres. »

Les deux faces du charisme

Les gentils plaisent, les méchants séduisent

Pour évoquer la différence entre la façon dont le charisme opère selon qu'on ait affaire à une personne au cœur pur ou à une autre dotée de pensées troubles, on pourrait utiliser cette formule simpliste : les gentils plaisent, les méchants séduisent. Dans le premier cas, le personnage attirera les regards par ce qu'il dégage d'empathie *sincère*, de gouaillerie amicale, de bienveillance naturelle ; par sa prévenance, son humour jamais cynique, l'intérêt qu'il porte à chacun sans arrière-pensée. Dans le second, pour synthétiser, par ce que suppose le fameux charme vénéneux :

"En somme, elle avait tout pour agacer et si elle n'y parvenait pas autant qu'elle le désirait peut-être, c'est que, presque malgré elle, un charme vénéneux naissait de sa voix et de l'aisance du moindre de ses gestes, quelque chose d'impossible à préciser, qui vous prenait aussitôt qu'elle daignait s'animer, peut-être le signe

stellaire sous lequel s'était placée, par une chance sur un milliard, sa naissance." (Michel Déon 1973 "Un taxi mauve") (1)

Le stratège désintéressé

Si la séduction n'est évidemment pas le fruit d'un esprit forcément manœuvrier ni ne recèle à tous coups des intentions malhonnêtes, on constate qu'elle s'apparente souvent à une stratégie. Plaire par sa seule personnalité suppose donc ne pas être amené à en travestir certains pans afin de parvenir à ses fins.

Séduire peut toutefois induire à des degrés divers la volonté de dire ce que l'autre veut entendre pour mieux lui imposer ce qu'on pense lui être profitable. Votre personnage sera perçu comme positif s'il agit de la sorte pour le bien de tous, résoudre un problème, améliorer la situation d'une personne en difficulté, à condition bien sûr qu'il ne cherche nullement à en tirer parti.

Faut qu'ça brille !

À l'inverse, le « magnétisme négatif » ne s'exercera au final que pour le bénéfice du « méchant ». Son charisme n'en sera pas pour autant voué à être considéré comme inférieur à celui du « gentil » dans l'esprit du lecteur. Ce dernier appréciera par quelles redoutables tactiques son emprise s'étendra sur sa proie, l'intelligence qu'il déploiera afin de voir ses intérêts prospérer aux dépens de celle-ci. Pour utiliser un célèbre oxymore, la séduction du méchant est un soleil noir, là où le gentil nous inonde de sa blancheur lumineuse. Dans tous les cas, deux façons pour un auteur d'être brillant…

Référence

Le cœur des ténèbres, Joseph Conrad, éditions Le Livre de Poche.

Le charisme d'un personnage, un mystère à exprimer

Vous trouverez dans cet article quelques astuces pour exprimer le charisme de vos personnages et leur donner une vraie présence dans vos nouvelles et vos romans.

Ce que le mystère peut avoir de charismatique

Il peut émaner un charme subtil, mais très prégnant, d'un personnage semblant dissimuler quelque chose d'important. Qu'il le porte comme une croix et veuille s'en défaire, que cela rende *a priori* certains de ses actes incompréhensibles, qu'on ne sache pas si ça le place dans un camp plus qu'un autre, l'aura mystérieuse qui le nimbe doit en tout cas répondre à un impératif : ne pas être soulignée avec trop d'ostentation. Vous en avez peut-être fait l'expérience dans votre entourage : les personnes qui veulent à tout prix se donner des airs énigmatiques frisent le ridicule de façon permanente.

Susurrons, susurrons, il s'en échappera toujours quelque chose !

« Un secret a toujours la forme d'une oreille », disait Jean Cocteau, et c'est dans celle de votre lecteur que finira par tomber celui de votre personnage. Alors sans forcer le trait, prenez votre temps, faites-le mijoter dans son esprit en lui offrant une piste de temps à autre. Surtout, ne brandissez pas au-dessus de sa tête une enseigne au néon *Regardez comme il est mystérieux !* à grand renfort de « Quel passé inavouable ce regard impénétrable protégeait-il ? » ou autre phrase tombée de l'armoire à clichés. Ce sont dans les actes, le discours et les gestes de votre personnage que le sentiment qu'une part de lui nous échappe doit naître et se développer.

Le charisme comme un verrou sur une porte dérobée

Éprouver de la curiosité pour la « face cachée » d'un personnage au point qu'il en devienne fascinant, voici en quoi le mystère peut tenir lieu de charisme. Moins que la nature du mystère recelé par le personnage, son pouvoir de séduction s'exerce plutôt dans sa manière de le préserver lorsque son secret risque d'être éventé. Les trésors d'inventivité qu'il déploiera afin de ne pas être percé à jour mettront en valeur toute sa panoplie d'ensorceleur. Aimanté par l'énigme qu'il incarne, le lecteur ressentira idéalement une frustration jouissive : celle d'avoir vu le temps d'un roman sa perspicacité mise en échec... du moins si l'auteur a su y faire.

Du charisme inné au charisme acquis

Le charisme jailli d'un claquement de doigts

Parfois, un personnage entre en scène et casse la baraque d'une œillade ou d'un claquement de doigts. Même un de ses pets semblerait en mesure de restituer le parfum de la vie telle qu'elle devrait être. Il est là et s'impose avec l'inexplicable évidence de la bonne humeur. L'un des meilleurs dynamitages de récit me venant en tête est l'intrusion de Mc Murphy dans la forteresse psychiatrique gardée par l'infirmière-major Ratched. Ce vol au-dessus d'un nid de coucou s'exécute dans un battement d'ailes euphorique. On passe en quelques lignes d'une routine froide à l'esprit en fusion d'un homme décidé à en faire fondre les rouages. On retiendra dans les extraits qui suivent qu'un déboulé furieux dans une institution s'avère éminemment sympathique.

« Je n'entends pas le nouveau frôler les murs avec terreur et, quand les infirmiers parlent de le faire passer à la douche, il ne capitule pas ; il n'a pas une lueur d'affolement dans le regard : du tac au tac, il leur répond d'une voix claironnante qu'il est ''déjà foutrement propre comme ça, merci !''

Et plus loin :

« Il reste là, à attendre, et comme personne ne se décide à parler, il se met à rire. Nul ne sait pour quoi au juste : il n'y a rien de drôle. Mais son rire ne ressemble pas à celui du bonhomme des *publics relations*. Il rit à gorge déployée d'un rire franc et profond, s'irradiant en cercles concentriques de plus en plus grands qui viennent se briser en clapotant contre les murs. »

Ce qui achève de rendre ce personnage puissant et attachant, car dans sa force s'insinue une fêlure :

« Son rire s'est éteint, et pourtant il palpite encore autour de lui comme le frémissement d'une cloche qui vient de s'arrêter de carillonner – il subsiste dans ses yeux, dans son sourire, dans la façon qu'il a de marcher en bombant le torse, dans sa manière de parler. »

Vous ne souhaiteriez pas nouer des liens amicaux avec un type pareil ?

Je pense que si.

Parfois, donc, un rire suffit, qui s'affranchit de tout, pour que les aiguilles de toutes les boussoles s'orientent vers vous. C'est ainsi que le héros de Kent Kesey polarise l'attention tout au long de *Vol au-dessus d'un nid de coucou*. En matière de charisme, il y a quelques maîtres. Porté par Jack Nicholson à l'écran, le personnage n'a rien perdu de sa superbe, au contraire.

Le charisme issu de la souffrance

Les tensions extrêmes révèlent les leaders, qu'ils brandissent le poing ou tendent le bras. Sans convoquer Tommie Smith et John Carlos (1), ni parler des ravages de la mèche et de la moustache dans l'Allemagne bottée, on peut facilement comprendre comment des figures emblématiques, admirables ou détestables, naissent du chaos. Ramené à l'échelle du quotidien, un « banal » conflit familial verra ainsi émerger chez un héros qui s'ignore des vertus de résistance face à une brutale autorité parentale. Comme un fils jusqu'alors effacé s'élevant soudain contre un père maltraitant sa conscience (2). Ou tel un gladiateur auréolé de son passé de général romain défie l'empereur de Rome (3).

Le charisme hérité du fantastique

Certains personnages ne valent pas un clou d'un point de vue charismatique jusqu'au jour où le fantastique s'en mêle. Prenons ce pauvre Arnie dans le roman *Christine* (3) : avant qu'il ne fasse l'acquisition d'une Plymouth Fury, c'est l'archétype du looser. Mal dans sa peau acnéique, en butte aux moqueries et aux vexations, il semble condamné à évoluer tant bien que mal sous l'aile protectrice de son pote Dennis, qui pour sa part incarne le jeune mâle populaire. Mais une fois Arnie au volant de cette voiture pas comme les autres, une métamorphose s'opère qui le verra pendre à son bras la plus jolie fille du bahut… avant que les réels ennuis commencent, bien sûr.

« La vue de Christine stationnée au milieu des autres voitures fut une grosse surprise. Mais quand je vis Arnie descendre d'un côté et Leigh Cabot de l'autre, je fus carrément abasourdi et, en vérité, très jaloux. […] Je me rendais bien compte qu'un certain nombre de garçons et de filles qui étaient venus tombaient eux aussi des nues en voyant cela. Comment ? Face-de-pizza avec la fille du Massachusetts !

Et si le charisme n'était que le reflet du regard de notre personnage sur un monde qu'il tente chaque jour de séduire ? Séduisez, et vous le saurez…

Références de l'article

(1) https://www.nouvelobs.com/monde/20150805.OBS372 9/jo-de-1968-deux-poings-leves-et-un-troisieme-homme-acteur-lui-aussi.html

(2) https://fr.wikipedia.org/wiki/Lettre_au_p%C3%A8re

(3) https://fr.wikipedia.org/wiki/Gladiator_(film,_2000)

(4) https://fr.wikipedia.org/wiki/Christine_(roman)

Comment construire une chute ?

Graal du nouvelliste, la chute consiste à surprendre son lecteur dans le dernier paragraphe, voire dans la dernière phrase d'un récit. Ce tour de main tient à la fois du dévoilement, de l'invention d'une issue imprévisible… de l'art subtil de créer des diversions pour imposer une fin insoupçonnable.

Il y a un début pour toutes les fins

On ne sait pas toujours de quelle manière commencer une fin. Comment faire converger les articulations d'un récit jusqu'à la chute d'une histoire ?

C'est à mon sens une question qu'on ne se pose pas suffisamment. Pour avoir côtoyé bon nombre d'auteurs et en avoir discuté avec eux, il ressort que c'est un aspect de l'écriture trop souvent négligé. Bien sûr, l'inspiration ne doit pas être soumise au carcan de toutes les règles, mais savoir où l'on va reste le meilleur des échafaudages soutenant notre pensée.

Amener une histoire à une fin qui en prend le contrepied nécessite autant de technique que de talent. Celles et ceux qui se détournent de la première en faveur du second font souvent fausse route. N'oubliez donc pas de brancher votre GPS intellectuel avant de vous embarquer dans un texte. Sans quoi les risques de s'égarer, donc perdre du temps, voire ne pas arriver à destination seront réels.

À partir de quel moment la chute se construit-elle ?

On penserait volontiers, s'agissant d'un auteur ayant bien cogité son affaire : dès le début. En effet, il est logique de se dire que sachant de quelle façon on souhaite surprendre son lecteur, tout soit mis en œuvre à partir de la première ligne ou presque afin d'y parvenir.

Seulement, il est parfois compliqué de se passer d'une mise en place, aussi réduite soit-elle. Certes pas chez les auteurs comme Sternberg, proposant une idée fulgurante raclée jusqu'à l'os et déployée en quelques lignes. Une rareté seulement évoquée comme contre-exemple.

Dans la majorité des cas, on doit baliser notre parcours jusqu'au dénouement comme on disposerait des jalons. On veut que notre lecteur suive la voie qu'on décide de lui tracer, pas vrai ?

Je suis une légende de la chute

Pour illustrer mon propos, j'ai choisi la nouvelle *Escamotage*, de Richard Matheson.

L'auteur notamment de *Je suis une légende* et de *L'homme qui rétrécit* possède peut-être avec ce texte l'une des chutes les plus originales de toute la littérature tous genres confondus, rien que ça.

Chute que je ne dévoilerai pas, bien sûr. Au passage, je tiens en peu d'estime celles et ceux qui divulgâchent. Non pas qu'il faille les guillotiner, la faute n'étant pas si grave. Mais j'affûte la lame, au cas où.

Escamotage débute par un artifice assez classique, des écrits découverts par hasard et par on ne sait qui :

« *(Pages reproduites d'après un cahier manuscrit trouvé, voici deux semaines, dans un drugstore de Brooklyn. Sur la même table était posée une tasse de café à demi vide. D'après les dires du propriétaire, cette table était inoccupée depuis plus de trois heures au moment où il remarqua le cahier pour la première fois.)* »

Si ce procédé est devenu courant, Matheson s'en est servi avec une pertinence admirable, car cette introduction contient déjà en partie sa chute, on le comprendra lorsqu'elle surviendra.

Voyez comme je vous invite subtilement à la lire au plus vite !

Pour préparer une bonne chute, n'ayez l'air de rien : c'est ce qui fait tout !

Quand une introduction faussement anodine trouve un écho formidable dans la dernière phrase, on peut considérer que l'affaire est dans le sac : le lecteur sera estomaqué, et ravi de l'être ! L'air de ne pas y toucher, vous le saisirez.

Je pars de l'hypothèse d'un récit qu'on a construit de A à Z avant même d'en écrire le premier mot. Les histoires écrites au fil de l'eau n'ont ici pas lieu d'être, tant leur issue non préparée est aussi hasardeuse que friable.

Vous avez donc votre chute en tête. Qu'en faire ? Bien que ça puisse sembler paradoxal, il vous faut partir de la fin pour écrire votre début. Tout doit vous ramener à votre conclusion, dès votre premier mot évoqué précédemment.

Matheson ne s'y prend pas autrement afin de nous embarquer dans une histoire qui a comme prétexte un couple en crise. Il se sert de cette banale toile de fond pour nous relater la trajectoire d'un homme en pleine errance et dont le quotidien « s'estompe » peu à peu.

Mais comment l'auteur parvient-il à nous entraîner dans cet engrenage infernal aux côtés de son héros ?

Tout simplement en enchaînant des faits qui se répètent sans qu'il soit possible de leur trouver une explication, en même temps qu'ils acquièrent leur propre logique. Car il faut une cohérence dans l'inexplicable.

Il procède ainsi jusqu'à ce que le personnage principal perde les repères de son existence un à un, le faisant s'interroger sur sa santé mentale. Et par là, amène le lecteur à se demander si ce que Matheson lui raconte se passe véritablement ou si ce qu'il relate est le récit d'une folie allant grandissant. La montée en puissance jusqu'à la chute s'opère ainsi de façon aussi astucieuse qu'implacable.

La stratégie de Charybde en Scylla pour amener une chute

Matheson s'ingénie donc à installer avec persistance une idée échappant à l'ordre normal des choses, trouvant son efficacité dans le fait qu'elle se greffe sur une trame des plus ordinaires.

Ce n'est certes pas un schéma applicable à toutes les chutes, mais ça dit quelque chose de *l'obstination* dont on doit faire montre pour qu'un doute s'installe dans la tête du lecteur. Doute qui s'apparente parfois à une fausse piste, bien que ce ne soit pas le cas dans *Escamotage*, Matheson usant plus au cours de ce texte de la « stratégie de Charybde en Scylla ». Il s'évertue par ailleurs à travers cette escalade vers le pire – une ascension programmée pour que la chute n'en soit que plus vertigineuse – à peindre avec justesse le portrait de son héros.

Ce que tous les auteurs ne prennent pas en compte, se satisfaisant d'avoir produit un bel effet au terme d'une histoire se révélant pour le reste indigente. Un peu comme ces films où l'essentiel du budget est mis dans les effets spéciaux quand l'équipe des scénaristes semble s'être mise en grève illimitée faute d'avoir reçu le moindre émolument. Une nouvelle à chute est un tout. Alors n'oubliez pas de payer le scénariste qui est en vous.

Ayez l'âme d'un « prestidigitauteur »

Un écrivain, pour surprendre son lecteur, pour ne pas dire le tromper avec bienveillance, doit détourner son attention avec autant de ruse que celle nécessaire à la réussite d'un tour de prestidigitation.

Faites-en sorte que dans le jeu de cartes que vous lui tendez, il pense avoir choisi sciemment celle qu'il a retirée du paquet, ce qui n'arrive jamais. Sauf que pour votre nouvelle à chute, ce ne sera pas un éventail de cartes que vous lui proposerez, mais de possibilités. De fausses pistes.

Bref, servez-lui votre boniment, et quand vous sortirez un rhinocéros de votre chapeau alors que votre lecteur s'attendait depuis le début à vous voir en extirper un lapin, songez à le retenir : de stupéfaction, il pourrait chuter…

Qu'est-ce que la réécriture ?

La réécriture est un domaine de l'écriture peu connu. Dans nos modes de vie pressée, nous avons un peu tous tendance à brûler les étapes et à parvenir au résultat de la manière la plus rapide et la plus agréable qui soit. Pas étonnant qu'elle soit occultée.

Réécrire, pourquoi faire ?

Comme son nom l'indique, la réécriture consiste à écrire à nouveau son texte. Vous avez sans doute fait cette expérience de ne pas trouver tout de suite les bons mots, le ton pour en parler, de ne pas avoir une vision claire d'une situation, d'être incapable de trouver une expression incisive, regarder une histoire sous un autre angle, adopter le bon raisonnement… Et de vous-même, vous avez ressenti le besoin de reprendre votre texte.

Force est de constater que l'on ne pense pas de manière ordonnée, pertinente, et exhaustive tout de suite. La réflexion est lente : elle a besoin de temps pour se structurer, s'affiner, se préciser, progresser avant de s'exprimer pleinement. Et parvenu à ce travail de clarification, on se rend compte que l'on n'a fait que la moitié du chemin ! Nous n'avons sans doute pas assez pensé aux destinataires de notre texte.

Bien écrire ne se limite pas à exprimer sa pensée par écrit de manière claire et intelligible. L'écrivain s'évertue à frapper les esprits, à rendre ses personnages vivants, à créer des émotions inoubliables, à transmettre ses idées avec élégance ou au contraire à bousculer ses semblables pour réveiller les consciences.

Tout cela mobilise l'auteur vers ce qui sera sa véritable écriture.

Pourquoi avons-nous tous besoin de réécrire ?

En plus d'être un acte complexe, écrire demande beaucoup d'énergie. Il est donc difficile de réussir du premier coup à rédiger le texte souhaité sauf s'il est court et développé à partir d'un plan préétabli.

Depuis 25 ans, nous formons des écrivains et nous avons observé que tous les auteurs arrivant en formation écrivent au fil de la plume. Ils associent leurs idées les unes aux autres et cumulent les phrases qu'ils nomment ensuite « texte », « nouvelle », « roman »...

Cette manière de procéder leur fournit des idées. Mais ce processus risque d'être infini et l'auteur ne parvient plus à contrôler ses développements, s'égare, sans parvenir à terminer. D'autres se cantonnent à épuiser cette technique et décident, au moment où ils en ont assez, que le résultat est acceptable. Certes, le texte est amélioré mais dans quelle proportion ?

La structure ne se glisse pas naturellement dans un texte. Il faudrait penser comme un livre et peu de personnes atteignent cette force et cette clarté de réflexion... À moins d'avoir exercé le métier d'écrivain tous les jours de sa vie pendant au moins dix ans, et lire sans compter... La structure est ce que l'on appelle généralement un plan. Plus encore, en littérature il s'agit d'un processus dynamique qui pose une intrigue et la déploie en stimulant l'intérêt du lecteur à toutes les pages.

Si vous n'avez jamais pris de cours, alors dites-vous bien que ne pourrez pas évaluer les techniques utilisées ou celles qui vous manquent. Vous ne maîtriserez pas tous les aspects de l'écriture narrative ou littéraire : les descriptions, les portraits, les dialogues, les monologues, le choix du narrateur et l'articulation de ces modes d'expression pour faire progresser votre lecteur dans le déroulement de votre histoire. Il existe des codes, des règles en la matière qui ne s'improvisent pas.

Cultivez votre esprit critique et mesurez le sens de vos textes

Combien de fois à *L'esprit livre* avons-nous connu des auteurs en formation malhabiles pour développer leurs idées. Ils ne voient même pas les trouvailles dans leur texte. Il faut que nous mettions le doigt dessus et que nous leur suggérions des pistes de développement et comment ils pourraient se démarquer de ce qu'il existe déjà dans les livres édités. Avec un peu de réflexion supplémentaire, quelques encouragements, nous voyons ces auteurs mûrir leurs pensées et trouver enfin les mots pour exprimer les idées qui les animent.

Lors de cet accompagnement, il est nécessaire d'aller au-delà de l'écriture d'expression – déjà complexe – à la transformation du contenu en un objet transmissible et littéraire. D'imaginer de concert avec eux comment ils pourraient élaborer ces plaisirs de lecture. Le rôle du tiers témoin, d'un lecteur professionnel, ou de bêta lecteurs (amateurs passionnés), est déterminant pour aider l'auteur à voir son texte tel qui est.

En évacuant cette étape de l'analyse critique, ils refusent toute possibilité de progression. Parfois ce sont les notions simples, apprises il y a longtemps qui se trouvent remises en cause. Croire savoir est sans doute le pire ennemi de celui qui se lance dans l'écriture.

Un exemple simple : la notion du sujet apparaît acquise mais les débutants ignorent comment en délimiter les contours. Ils pensent posséder leur sujet et écrivent de manière débridée sur un thème. Bondir d'une idée à l'autre et aligner les lignes ne signifie pas « écrire » pour un écrivain. Le résultat est un texte décousu. Vouloir s'exprimer et communiquer avec ses contemporains est un élan louable. Encore faut-il avoir quelque chose à dire et le transmettre de manière plaisante, attractive, efficace…

Vérifiez l'ouvrage dans son ensemble

Sans structure, l'auteur est confronté inévitablement à des longueurs, des redites et des manques. Avant de passer à la correction orthographique, il est nécessaire de considérer l'ouvrage dans son ensemble et de confronter le texte obtenu au projet initial.

Un bon diagnostic posé par un formateur ne se cantonne pas aux failles techniques, il renvoie l'auteur à sa création, ses ambitions, ses intentions. Le contact avec la réalité pouvant parfois être cruel (il n'existe pas de parachute pour ceux qui descendent de haut), encore faut-il que ce formateur l'aide à se saisir d'un savoir écrire pour qu'il parvienne à réaliser pleinement ce qu'il souhaite et avoir suffisamment de tact pour que ce même auteur contemple les imperfections de son texte en acceptant l'idée d'avoir à réécrire son texte. Ce n'est qu'à cette condition qu'il peut entreprendre en toute lucidité son travail de réécriture et de création.

L'une des grandes difficultés de la réécriture est qu'elle n'est pas identique pour tout le monde puisqu'elle dépend de la maîtrise technique de l'auteur, de sa personnalité, de ses acquis et de son projet éditorial. Combien d'auteurs célèbres ont-ils fait des entorses aux règles, consciemment, pour faire évoluer leur art ? Les … ! de Céline, les mots inventés de Frédéric Dard… La réécriture possède sa part d'invention.

Nous réalisons avec nos auteurs en formation ce diagnostic au fil des pages et plus encore, nous les aidons à réaliser leur cahier des charges afin d'obtenir une égale qualité d'écriture sur l'ensemble de leur livre. Nous veillons à les préserver de l'autocensure, de l'inhibition, de la précipitation qui nuiraient à l'affirmation de leur style.

Résister au désir de vitesse est devenu un des grands secrets de la réussite. Vous ne parviendrez pas à écrire si vous ne construisez pas votre esprit avant de corriger l'orthographe. C'est en s'entraînant à la lecture critique que vous pourrez acquérir le détachement nécessaire et réécrire.

L'esprit livre vous propose une évaluation diagnostic : vous pourrez vous situer dans vos apprentissages et mesurez votre potentiel. En savoir plus :

https://boutique.esprit-livre.com/produit/lecture-diagnostic-correction-de-manuscrit/

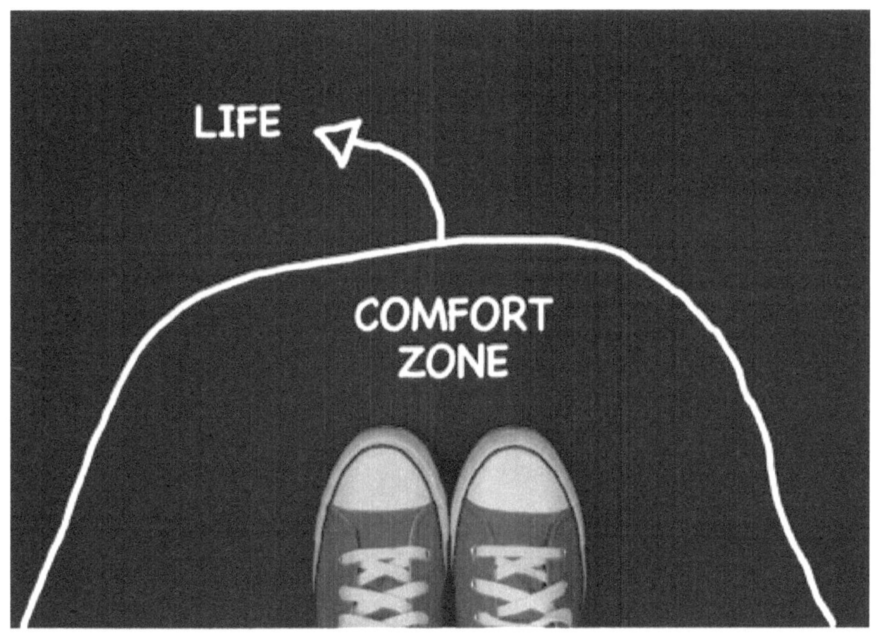

Corrigez et évaluez efficacement vos textes en 4 étapes

Ça y est, on vient de boucler notre paragraphe, notre page, notre chapitre ou notre histoire. On est comme un peu étourdi, rétrospectivement, du travail que cela nous a réclamé. Encore surpris des heures qu'a parfois nécessité l'écriture d'une seule phrase. Et pourtant, ce n'est pas fini. À présent nous incombe la tâche délicate de revenir sur nos pas, de vérifier qu'on n'a rien négligé. Que tout se tient.

Mettre sa mémoire dans un tiroir

Qu'il s'agisse d'une histoire, d'un chapitre, d'une page ou d'un paragraphe, le boulot est le même : il faut tout passer au peigne fin. C'est débarrassé du côté exaltant de l'acte créatif que notre regard se fait neutre, pas au moment où l'on prend soin de parer nos idées des plus beaux atours.

La première étape est la plus simple : « oublier » son texte au fond d'un tiroir dont on jettera métaphoriquement la clef dans la noirceur verticale d'un puits. On doit *s'interdire*, une fois qu'on a estimé n'avoir rien d'autre à ajouter, d'en relire le moindre mot durant quelque temps. Chacun, l'expérience aidant, saura quelle durée lui conviendra le mieux pour poser un œil neuf sur sa prose.

Les petits travaux du texte

Une fois cette maturation effectuée, par quoi commencer ? Car soyons lucide, le chantier est assez vaste. Si les finitions mobilisent rarement plus de temps que le gros œuvre, il faut y consacrer la même dose d'efforts.

Erreurs et défauts nous sauteront au visage à peine aurons-nous entrepris cette relecture : fautes d'orthographe, tournures bancales, incohérences, répétitions, lourdeurs... Mais pas de quoi céder au découragement : après tout, c'est le lot de quiconque écrit.

Je ne pense pas qu'il existe une méthode infaillible permettant de détecter l'ensemble des dysfonctionnements d'une nouvelle ou d'un roman comme on photographierait la scène d'un crime pour en figer tous les détails. Rien ne nous apparaîtra avec la clarté éblouissante d'une révélation : il faudra fouiller. Bien sûr, je l'ai dit, nos inexactitudes et nos paresses coupables auront tôt fait de remonter à la surface au détour d'un paragraphe qu'on estimait achevé ou à la conclusion d'un passage jugée par nous imparable. À tort, bien entendu.

Prendre du recul pour se rapprocher du récit

Mais si nos travers textuels se révèlent d'abord aussi visibles que des pommes pourries sur le dessus d'une pile de fruits sains, et qu'un premier tri s'effectue rapidement, c'est sur ce qui grouille au fond du panier que notre attention doit s'exercer. Dans les profondeurs du récit.

Pas de recette miracle pour y parvenir, donc, mais une condition *sine qua non* pour mener à bien notre quête d'écrire mieux : être honnête avec soi-même. C'est-à-dire considérer sans états d'âme les imperfections de notre talent. Il est impossible de porter un avis digne de ce nom sur notre texte si l'on se trouve sans cesse des prétextes pour ne pas y retrancher une virgule – comprenez : pour ne pas égratigner notre amour-propre.

Récapitulons :
Première étape : oublier son texte.
Deuxième étape : oublier son ego.

Faites affleurer vos idées

Une fois les adverbes et les adjectifs superflus éradiqués, la ponctuation réajustée, l'expression allégée, les baudruches littéraires dégonflées, on peut juger ce qui confère pour une bonne part de l'intérêt à notre histoire : la pertinence de nos idées.

Nous verrons en détail un plus loin la façon dont on peut nettoyer un texte pour que ces idées affleurent.

Désencombrées de la fanfreluche textuelle, nos idées apparaissent enfin sous leur vrai jour. Il est alors indispensable de les redécouvrir presque à nu afin de s'assurer qu'elles véhiculent parfaitement le message destiné à notre lecteur. C'est la troisième étape.

Lutter contre l'auto-séduction littéraire

On se séduit parfois soi-même en apprêtant si bien nos phrases qu'au lieu de creuser notre idée, on se focalise sur son habillage, masquant notre refus conscient ou pas d'en extraire son entière substance. Car avoir une idée n'est pas un but en soi : trop souvent, des auteurs débutants ou non indiquent une piste de réflexion intéressante à leur lecteur et ne vont pas au bout. Pourquoi ? Par facilité, tout simplement. Comme si évoquer une possibilité dispensait de l'expliciter. Il est plaisant d'exprimer une opinion ou de soumettre une théorie, mais il se révèle plus ardu de les faire triompher d'une façon judicieuse.

Être rigoureux afin de ne pas gâcher son intention première

Quand on évalue son texte, il est important de remonter à l'idée brute, celle ayant motivé qu'on se décide à l'entortiller de mots censés lui rendre justice. Qu'on le veuille ou non, si l'on ne s'impose pas une rigueur intellectuelle de tous les instants, il y aura une déperdition de la réflexion qu'on souhaitait initialement exposer – et développer.

La relecture nous offre cette rectitude, car comme dit précédemment, ce n'est pas dans le tourbillon de la création qu'on illustre notre propos de la façon la plus inspirée. Cela ne signifie pas que nous sommes incapables d'y parvenir lors de notre élan primaire, mais parfois, tenté par l'idée d'après, celle sur laquelle on n'a pas encore mis de mots, on papillonne dans le futur quand il nous faudrait fignoler dans le présent. Cela peut conduire à une pensée inaboutie et à l'abandon de notre ligne directrice.

S'infliger un bombardement de questions quitte à reconstruire sur des ruines

En vous relisant, relevez-vous des passages où vous n'avez pas déployé tous les arguments qui auraient dû circonscrire votre pensée ? Trouvez-vous qu'à la fin d'un paragraphe vous avez eu le souffle court ? Que vous pouviez dire les choses plus *précisément* ? Qu'il aurait été opportun d'agencer votre texte différemment afin que la progression de votre intrigue soit constante et logique ? Plus percutante ? Qu'un personnage a si peu de relief que vous vous demandez quelle utilité il a ? Que la forme l'emporte systématiquement sur le fond ?

Une remise à plat, si dure à encaisser soit-elle, passe par le fourmillement d'un tel casse-tête. Si vous voulez être bon, vous n'en ferez pas l'économie. Confronté à soi-même, c'est la raison et non l'orgueil qui doit l'emporter. L'effort de celui qui veut réussir face au confort de qui pense être arrivé.

Même si après un long examen de votre texte il ne vous semblera subsister qu'à l'état de ruine, brique par brique, vous saurez le reconstruire. Car c'est en fait le squelette de votre histoire qui vous apparaîtra, raclé jusqu'à l'os, c'est le cas de le dire. Il vous appartiendra alors de lui redonner une chair de qualité.

S'interroger pour que des broutilles ne remettent pas votre talent en cause

Bien sûr, sous le feu nourri de ces interrogations, on pourrait baisser les bras. Seulement, il faut s'estimer heureux d'avoir toute latitude d'y répondre sans être harcelé par des critiques qui pointeraient du doigt vos éventuelles carences une fois votre texte publié. S'évaluer, c'est presque rendre infranchissable la distance entre les reproches et l'écrivain qui est en vous.

À présent, vous avez relu votre nouvelle ou votre roman d'un bout à l'autre en tenant compte de mes conseils : ce serait parfait si vous consentiez à les appliquer.

Blague à part, retenez ceci avant de passer à la quatrième étape : les meilleurs écrivains se relisent à s'en rendre malade, jusqu'à ce que leur génie nous semble une évidence.

Ce qu'il reste à faire après s'être relu

Pas grand-chose. On a épluché chacune de nos pages, on a réfléchi à la puissance d'un mot en tant que domino... bref, on a fait le tour de la question. Eh bien, il n'y a plus qu'à « nettoyer » notre texte, ce que nous verrons dans la seconde partie de cet article.

Pas grand-chose, donc, mais ça va prendre du temps.

En attendant, ne cessez pas d'aligner les phrases : c'est, quand on est écrivain, la moindre des corrections...

Préparez votre relecture

L'orthographe, un écueil pour la concentration

Je suis de ceux pour qui la présence trop importante de fautes constitue un sérieux frein à une relecture efficace. Car le sens de la phrase à laquelle je réfléchis peut finir par m'échapper si mon regard est régulièrement attiré par un « s » en trop ou un accord oublié.

Ce n'est pas la partie la plus emballante de la correction en ce qui me concerne. Mais comme il m'est impossible d'en faire l'économie, je prends mon courage à deux mains, un dictionnaire dans la troisième et je m'efforce de traquer les étourderies, en n'omettant pas bien sûr de vérifier un mot si je doute de sa signification.

C'est lorsque je considère mon texte « propre » à ce niveau que je m'attaque à tous les autres pièges qu'il recèle.

Le champ de mines des adverbes

Si l'on veut bien admettre le fait que nos intentions d'auteur se noient fréquemment dans des flots verbeux, et corriger le tir en conséquence, alors on tient le bon bout. Qui n'a pas caracolé un jour d'une ligne à l'autre ivre du galop des épithètes, de la cavalcade des adverbes ? Posez-vous la question suivante aussi souvent que nécessaire : à quoi sert ce mot ?

S'il ne valorise pas votre propos, c'est une boursouflure qu'il convient de supprimer. Il est en général facile de vérifier à quel point les adverbes alourdissent une phrase, comme les quelques lignes ci-dessous le prouvent avec une outrance drolatique :

http://www.jeanne-a-debats.com/article-mes-meilleurs-adverbes-118150816.html

Lorsque se relire nécessite une tente à oxygène, il est évident que celui découvrant notre pâtée adverbiale sera à son tour au bord de l'étouffement. Comme tout un chacun, j'ai déjà eu sous les yeux un roman où l'intrigue nécessitait de progresser entre une multitude d'adverbes. Oubliez le champ lexical et le champ sémantique : c'est un champ de mines sur lequel votre concentration et votre intérêt finiront désintégrés !

Une phrase du livre *Écriture*, de Stephen King, vous convaincra de n'employer les adverbes qu'avec parcimonie : « Avec l'adverbe, l'écrivain trahit le fait qu'il craint de ne pas s'être exprimé avec clarté, d'être passé à côté de ce qu'il voulait souligner ou du tableau qu'il voulait esquisser. »

Vous ne voudriez pas être considéré comme un écrivain craintif, si ? Je suis bien catégoriquement certain et intimement convaincu que ce n'est vraisemblablement pas le cas !

L'adjectif : La phrase, cette employée parfois surqualifiée

« Désolé, vous êtes surqualifié pour la simplicité de ce poste ! »

Ramenez cette formule à l'emploi des adjectifs et vous obtiendrez ceci : « Désolé, votre écriture est surqualifiée pour la clarté de cette phrase ! ».

La description sous toutes ses coutures

Certains auteurs ont la main lourde et déversent des tombereaux d'adjectifs afin d'« agrémenter » leur prose, confiants dans l'adage « Abondance de biens ne nuit pas ». Je ne compte plus les fois où j'ai lu des phrases de ce genre :

« Il était vêtu d'un costume discret très distingué à la fois sobre et élégant. »

Tout classe qu'il soit, ce costume doit être bien lourd à porter, et cet homme-là aurait été aussi bien habillé si on avait écrit avec plus de légèreté : « Il était vêtu d'un élégant costume sobre », *discret* et *sobre* signifiant peu ou prou la même chose, idem pour *distingué* et *élégant*. Vous pouvez donc remettre ce costard pléonastique sur son cintre.

L'excès de l'indécis

Autre classique de la prodigalité adjectivale :

« Un soir clair et serein, sous un ciel étoilé, j'observais une voiture rutilante placée dans le cône jaunâtre d'un lampadaire vieillot dressé dans l'air doux près de la façade lépreuse d'une bâtisse biscornue. »

Ah, aucun détail ne nous échappe… hélas ! C'est un travers qu'on ne trouve pour ainsi dire jamais chez un romancier professionnel. En revanche, il n'est pas rare qu'un débutant, par peur de ne pas restituer une vision fidèle de la scène qu'il a à l'esprit, répugne à en supprimer le moindre mot. Faute de choisir, il embouteille son style.

Inutile de multiplier les exemples, ces deux-là suffisant à démontrer que l'accumulation d'adjectifs aussi délicieux soient-ils, et tintant de la plus mélodieuse des façons, ne permettra jamais à une phrase d'être meilleure ni de mieux fixer une idée. Ce serait penser que plus on emballe un paquet cadeau, plus son contenu acquiert de la valeur. La surqualification dissimulant plus qu'elle ne met en évidence, c'est la concision qu'il faut atteindre.

Aussi, au moment de délester votre texte de ce qui le prive de son côté aérien – adverbes et adjectifs, même combat –, préparez-vous à sacrifier autant de mots qu'il faudra (rappelez-vous : à quoi sert ce mot ?). Ne vous inquiétez pas, en temps utile, vous les retrouverez tous dans votre dictionnaire !

Les redites

Un mot c'est comme un secret, on ne doit jamais le répéter

Vous l'aurez compris, nous allons parler des redites, qui en plus de gâcher un style peuvent donner l'impression que vous manquez de vocabulaire.

Chaque règle ayant son exception, je vais brièvement évoquer Cormac McCarthy (ce ne sera ni la première ni la dernière fois) : il commet d' « abominables » répétitions. Ce qui ne l'a pas empêché de décrocher, entre autres, le prix Pulitzer pour *La route*, en 2007. Choix incompréhensible ? Scandale ? Pas du tout : ces répétitions sont *voulues*, et font partie intégrante de son style. Elles lui confèrent un rythme particulier, alimentent sa réflexion et assoient ses pensées. Quant à son vocabulaire, croyez-moi, il est préférable de disposer d'un bon dictionnaire quand on parcourt certains passages de son œuvre.

« Ils arrivèrent bientôt à un bouquet de chollas au bord de la route auquel s'étaient empalés de petits oiseaux jetés là par l'orage. D'anonymes oiseaux gris en espalier dans les attitudes d'un vol avorté ou mollement suspendus dans leur plumage. Il y en avait qui étaient encore vivants et ils se tordirent sur leurs vertèbres au passage des chevaux et levèrent la tête et poussèrent un cri mais les cavaliers continuèrent. » *De si jolis chevaux*, Cormac McCarthy.

Les causes du bégaiement littéraire

Mais pour la majorité des auteurs, ces redites sont *subies* et dues à une mauvaise relecture, une étourderie, un moment de fatigue, un coup de téléphone nous faisant perdre le fil, et pas l'inverse, etc.

Si la prolifération d'adverbes et d'adjectifs engendre son lot de répétitions, les verbes ne sont pas en reste, loin s'en faut, de même que les substantifs. Dans tous les cas un nombre variable d'entre eux nous viennent plus naturellement à l'esprit que d'autres, selon nos lectures, nos tics verbaux transférés à l'écrit, la facilité avec laquelle on se les est appropriés, le milieu où on les a appris, le contexte particulier qui a fait qu'on les a retenus avec plus ou moins d'efforts, etc.

Quoi qu'il en soit, on estime qu'en moyenne les lycéens utiliseraient quotidiennement entre 800 et 1600 mots et les adultes 3000. Au-delà de ce langage de tous les jours, celui nous permettant de communiquer avec nos prochains, on évalue pour le vocabulaire de culture générale une fourchette allant de 2600 mots à 5000 pour les lycéens et jusqu'à 30.000 pour une personne dite cultivée :

https://etudiant.lefigaro.fr/vie-etudiante/news/detail/article/un-lyceen-utilise-1000-mots-dans-sa-vie-quotidienne-1214/

Difficile de quantifier la part de ce bagage lexical que chacun sera en mesure de répandre dans une histoire le moment venu. Mais on voit que s'il y a matière à se répéter, on possède également un très large éventail de mots de remplacement.

De quoi se donner du courage au moment où il va falloir se mettre au travail pour éviter que nos phrases bégaient !

Enfin, tout du long, rectifiez la ponctuation !

Tous les changements effectués vous obligeront à modifier au fur et à mesure une virgule ici, à déplacer des guillemets là, et plus loin des tirets devront être ajoutés. Un travail de fourmi à prendre très au sérieux, car il vous mènera au dernier signe de ponctuation d'un écrivain : le point de-non-retour…

Références

Écriture, de Stephen King, Éditions Albin Michel.
La route, de Cormac McCarthy, Éditions Points.
De si jolis chevaux, de Cormac McCarthy, Éditions Points.

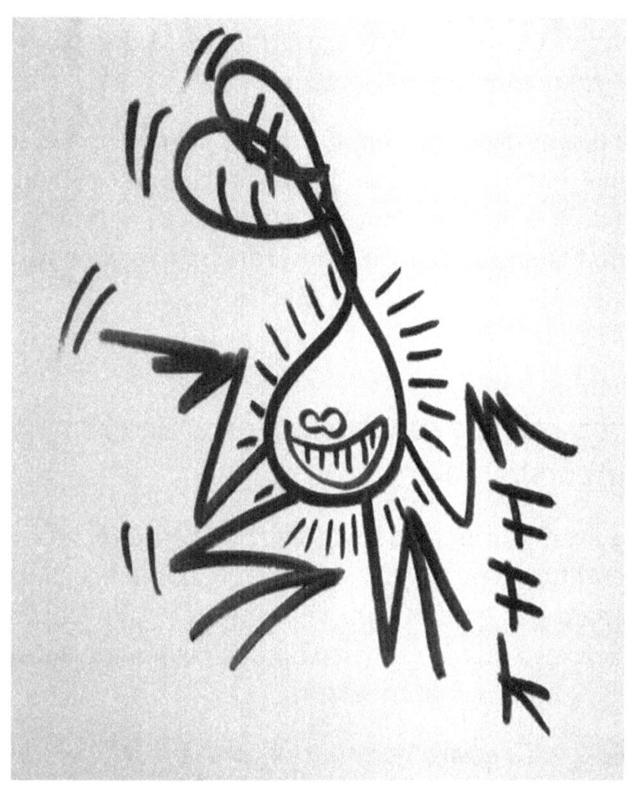

La littérarité, ou la belle gueule du style

Cet article vous explique comment rendre votre style littéraire et accéder à la littérarité à travers des exemples concrets.

> **Littérarité** : *Caractère d'un texte qui appartient à la littérature* (Le Robert 2019).

> **Littérature** : *Les œuvres écrites, dans la mesure où elles portent la marque de préoccupations esthétiques*. Ibidem

> **Littéraire** : *Qui répond aux exigences esthétiques de la littérature*. Ibidem

Bien que le caractère succinct d'une définition soit censé laisser peu de place à l'interprétation, *l'esthétisme* a tôt fait de nous renvoyer au fameux « Les goûts et les couleurs… » soit à un débat que rien ne tranchera.

Si le « sens du beau » en littérature - comme dans chaque art - était une notion universelle, ça se saurait. Quand certains estiment qu'il est tout contenu dans Chateaubriand, d'autres rétorquent Flaubert sans en démordre. Ou bien l'on opposera Hervé Bazin à Henri Troyat. X à Y. Etc.

Progresser dans son écriture en s'éloignant de nos auteurs familiers

Cela étant, on peut trouver chez des auteurs ne forçant pas notre admiration des qualités qu'il serait dommage d'ignorer. En ne s'attachant pas qu'aux seuls styles nous enthousiasmant, il est possible de diversifier le nôtre en faisant l'expérience de procédés qui ne nous sont pas coutumiers.

Parfois, on déclare que tout ou presque est à jeter chez tel romancier ; c'est ce « presque » qu'il nous revient d'incorporer à notre méthode de travail. Quand l'aiguille a plus de valeur que la botte de foin, il n'est pas vain de tenter de la dénicher.

Accéder à la littérarité implique de faire preuve de curiosité. S'enfermer dans une lecture de confort (entendez qui ne réclame pas l'effort d'aller au-delà d'une satisfaction immédiate) peut nous priver d'outils susceptibles de nous tirer vers le haut.

Parfaire son écriture suppose aussi qu'avant d'être inclément vis-à-vis d'autrui, on doit se montrer d'une rigueur sans faille envers soi-même.

Devenez un joailler du style

Ces considérations à l'esprit, rechercher l'amélioration de chacune de nos phrases participe évidemment à la bonification d'un texte. La forme est le bijou rehaussant l'éclat du fond dont elle s'élève. Aussi chaque mot doit-il être choisi, et l'on va voir comment.

Imaginons une phrase simple que nous pourrions extraire du plus banal des romans :

Il dormait mal depuis une semaine, rongé par les soucis, n'adressant qu'un grognement à sa femme en guise de bonne nuit.

Le style est des plus neutres et la construction de la phrase à la fois passe-partout et cohérente : un constat, une cause, une conséquence.

En l'état, ce n'est ni bon ni mauvais. C'est avant tout informatif. Il faut bien que l'auteur tienne son lecteur au courant de ce que vivent et ressentent ses personnages. Des phrases telles que celle-ci sont indispensables à l'équilibre d'un texte.

Des ponts littéraires d'où l'on jette le lecteur

On peut les voir comme des ponts permettant à notre lecteur de traverser un paragraphe les pieds au sec (le style l'étant) pour mieux le plonger quelques lignes plus loin jusqu'au cou dans les flots chatoyants d'une écriture littéraire.

Si on ne proposait qu'une succession de phrases visant à créer un effet ou à déployer à l'infini nos plus belles formules, elles finiraient par s'annuler les unes les autres. Pire, notre discours sombrerait dans le ridicule des proses affectées, de celles qui ne sont pas conçues par les conteurs, mais par les vaniteux. Ceux qui se regardent écrire en exégète corrompu par leur ego.

De la variation naît l'harmonie quand la répétition accouche de la monotonie.

Travailler une phrase en osant l'argot

Revenons à notre phrase pour essayer de lui donner un peu de cachet : *Il dormait mal depuis une semaine, rongé par les soucis, n'adressant qu'un grognement à sa femme en guise de bonne nuit.*

Une technique basique consiste à remplacer un mot usuel par l'un de ses synonymes moins employé. Plusieurs niveaux de langage sont envisageables selon le ton général de l'histoire, qu'on veuille par exemple faire résonner des accents argotiques ou établir un registre soutenu.

Ainsi, on pourra substituer « pioncer » ou « s'assoupir » au verbe dormir. Le reste de la phrase doit bien entendu être au diapason.

« Il pionçait mal depuis une semaine, le caberlot plein de mouscaille, n'accordant à sa rombière rien de plus en fait de bonne nuit qu'un pet d'ours mal lâché. »

J'imagine des fronts qui se plissent et des sourcils se froncer en me voyant introduire l'argot dans un article consacré à la littérarité : je pars du principe que l'esthétisme a sa place dans la gouaille, et que la *sonorité* et la truculence, tout bruit de casserole qu'ils soient, peuvent rivaliser avec le tintement cristallin de nos vocables les plus précieux.

Ce qui est bien entendu subjectif. Mais l'article suivant dit tout le bien que je pense de l'argot, aussi ne vais-je pas m'étendre sur ce sujet.

« Par ailleurs, l'emploi à compte d'auteur de l'argot n'implique pas l'utilisation du néo-français (comme on peut l'observer chez Céline, Queneau, Boudard...) mais n'exclut pas davantage le beau style ni le vocabulaire noble ».

https://www.persee.fr/doc/colan_0336-1500_1975_num_27_1_4224

Dans un style plus châtié, à la limite d'être ampoulé :

« Depuis une semaine il ne parvenait plus même à s'assoupir, l'esprit obstrué de tracas qu'il couvrait d'un drap le soir venu, le "bonne nuit" dont il se délestait à l'usage de son épouse résonnant comme un juron étouffé. »

Se passer de ponctuation pour faire le point

Il ne manque pas d'entre-deux pour singulariser son discours : *« Son sommeil aux abonnés absents en raison de tracasseries mordillant ses neurones voyait dans l'espace confidentiel du lit le bref bonsoir de sa femme claquer comme une porte dans son dos. »*

Bannir les virgules, oublier le point d'exclamation… Il ne faut pas hésiter à cueillir le lecteur d'une frappe sèche ; le mettre un instant groggy fera qu'il s'intéresse à votre propos. Le regard que vous l'obligerez à porter sur votre travail est sans doute la part la plus infime de la littérarité, mais tout compte.

À noter que pour cette phrase, j'ai terminé par un changement de point de vue, un moyen comme un autre de varier, puisque la littérarité peut aussi user de contrepieds et jouer sur la ponctuation (aucune virgule ici, contre deux lors des exemples précédents).

Tout n'est pas que mots, donc, mais subtils arrangements, parfois. Certes, le vocabulaire est roi, et je mesure combien le poids de sa couronne pèse sur un texte. Je ne cesse d'ailleurs jamais d'encourager les écrivains en herbe à se barricader derrière des remparts de dictionnaires : là repose un trésor, et quand j'en ouvre un, j'entendrais presque geindre les charnières d'un vieux coffre-fort.

Pour finir et aller un peu plus loin, il me faut aborder la façon dont une prose chante : vous voyez comme on se sent devant le miroir d'une cabine d'essayage en se demandant si le haut va bien avec le bas ? Si tel coloris ne jure pas trop par rapport à l'autre ?

Les mots sont ainsi, avec leurs incompatibilités et leurs connivences. À chacun de faire la poussière dans son propre gueuloir flaubertien, et de bien assembler ce qui peut l'être du vocabulaire en désordre peuplant nos étagères.

À chacun de se dire que remplacer un mot par un autre revient à déplacer une pièce sur le fragile échiquier de nos pensées. Pour renverser le Roi et sa couronne.

Écrivez-vous vraiment de la littérature ?

Seuls « les écrivains authentiques » sauraient écrire des textes littéraires si l'on en croit François Busnel dans un article publié dans le magazine *Lire*. Loin de vous asséner des certitudes sur ce sujet, nous avons mené l'enquête auprès de nos stagiaires. Nous nous sommes concertés sur la manière de produire de la littérature dans nos formations d'écrivain. Cet article vous présente les fruits de notre réflexion. Il vous permettra de forger votre opinion et d'évaluer la dimension littéraire de vos textes...

La littérarité définit les caractéristiques littéraires d'un texte

De l'écrit à la littérature

Ceux qui se lancent spontanément dans l'écriture ne font pas forcément la différence entre les formes de l'écriture. L'écriture narrative, celle qui raconte une histoire, n'est pas synonyme de littérature… même si l'auteur est certain d'écrire un roman.

À chaque discipline de l'écrit correspond une manière de communiquer, des règles et des finalités précises. Par exemple, si l'écriture journalistique sert à informer, la littérature a pour objectif de nous faire rêver, de nous émouvoir, de nous divertir, de nous éclairer sur nos visions de la réalité… Plus encore il s'agit d'exprimer ces histoires de belle manière, avec style, force et élégance.

Démonstration ! Écrivons cette phrase : il pleut ! Rien de littéraire dans cette affirmation. C'est un constat banal. Pour s'intégrer dans une démarche journalistique, le fait doit être nouveau et inattendu, relater un événement qui sort de l'ordinaire du type : Il pleut sur le Sahara. Afin d'intégrer cet événement météorologique dans un texte littéraire, j'ai choisi une citation d'une de nos stagiaires (3e année de formation d'écrivain), Nouchka Favez, elle rédige dans son roman (en cours d'écriture) ceci : « Proche du sapin, l'atmosphère évolue, inquiétante. Pour en rajouter, des nuages gris violacés s'amoncellent, s'entrechoquent, décochent des éclairs. Tel un rideau d'argent aux hachures contrariées, la pluie tambourine sur le sol. Les gouttes rebondissent, créent de mini-lacs dans la terre boueuse. » Elle dépeint la pluie de manière vivante, afin de créer une atmosphère et la partager avec son lecteur. Cette description suscite des émotions à la fois visuelles, auditives. L'autrice est peintre. Le passage à l'écriture lui permet de faire vivre ce tableau. Elle se situe dans une démarche esthétique.

Chaque type d'écriture suppose un changement de positionnement du rédacteur afin de passer d'une forme d'expression à une autre. C'est souvent à ce stade que la difficulté s'installe. On croit écrire un roman, alors que l'écriture peut être aussi sèche qu'une lettre administrative. Donner une ampleur littéraire à ses textes requiert de sortir de ses habitudes, d'avoir cette souplesse intellectuelle de passer d'un genre à l'autre. La littérature exige de l'auteur qu'il s'exprime avec sensibilité, audace, originalité. Si la connaissances des procédés permet de mieux s'exprimer, il va de soi que la littérature, c'est aussi une manière d'être.

L'expression littéraire et ses procédés

Nous avons choisi une définition du texte littéraire pour éclairer cet article et notre réflexion. « Le texte littéraire est celui qui emploie le langage littéraire, un type de langage qui obéit à des préoccupations esthétiques afin de capter l'intérêt du lecteur. L'auteur de littérature cherche les mots appropriés pour exprimer ses idées avec soin et beauté tout en suivant un certain critère de style.

Cette esthétique propre à chaque auteur et à son univers pourra être obtenue en recourant à plusieurs procédés linguistiques et techniques littéraires. Parmi ces moyens, nous retiendrons les ressources grammaticales (en ajoutant, supprimant ou répétant des structures), les sémantiques (à partir de l'altération du sens des mots, telles que la métaphore ou la métonymie) et les phoniques (jeux avec les sens des mots). »

Source : Définition de texte littéraire - Concept et Sens
http://lesdefinitions.fr/texte-litteraire#ixzz5sY5r2ePf

Les techniques et procédés sont innombrables : les figures de style, les règles de genres littéraires, celles inhérentes aux formes d'expression (romans, nouvelles...), toutes les subtilités de la langue française. Quant à la dimension artistique et esthétique, il existe inévitablement des maîtres, des références, des courants littéraires…

Nous arrivons à la pensée de François Busnel : la littérature est l'œuvre d'un écrivain. Ce que corrobore cette citation : « Riche de sa diversité formelle sans limite autant que de ses sujets sans cesse revivifiés qui disent l'humaine condition, la littérature est d'abord la rencontre entre celui qui, par ses mots, dit lui-même et son monde, et celui qui reçoit et partage ce dévoilement.

La littérature apparaît donc comme une profération nécessaire, une mise en mots où se perçoit l'exigence profonde de l'auteur qui le conduit à dire et se dire.

Source Wikipédia.

https://fr.wikipedia.org/wiki/Litt%C3%A9rature

La littérarité, la science qui définit les caractères littéraires d'un texte

« Roman Jakobson introduit le concept de « littérarité » dans une conférence de 1919, publiée en 1921 (Prague, 1921). Il le définit comme « ce qui fait d'une œuvre donnée une œuvre littéraire » dans la traduction française de Questions de Poétique (1973).

De nombreux théoriciens et poéticiens ont tenté d'approfondir ce concept en définissant quelles étaient les particularités du texte littéraire, sans parvenir à un résultat unanime. Néanmoins, deux grandes tendances sont perceptibles :

• D'une part, une approche formelle. La littérarité est alors à chercher au niveau du texte même, dans la densité des figures utilisées, dans le soin apporté à la rythmicité de la phrase, etc. Dès lors, elle se détache du fond, de l'objet sur lequel on écrit et réside entièrement dans la forme.

• D'autre part, une approche subjective dépendante de jugement de valeur variable selon les époques et les pays et qui se perçoit de façon proportionnelle au plaisir que provoque la lecture. Dès lors, la littérarité est un simple statut accordé aux œuvres. »

Source : https://fr.wikipedia.org/wiki/Litt%C3%A9rarit%C3%A9

Ce qu'en disent les critiques littéraires ?

Attrapant un numéro de *Lire* dans la pile de magazines, je tombe sur l'édition de septembre 2010 consacrée à la rentrée littéraire. L'éditorial de François Busnel apporte un début de réponse sur les préférences des lecteurs et l'orientation de la présentation des livres retenus pour leurs qualités littéraires. « La lecture offre ce plaisir à nul autre pareil : découvrir un univers, et, partant, un authentique écrivain. » écrit dans son éditorial François Busnel, mais qu'est-ce qu'un authentique écrivain ? À quoi le reconnaît-on ? J'ai continué mon enquête en glanant des indices au fil des critiques.

Examinant les différents articles, la tendance saute aux yeux : les compliments et éloges fleurissent sans se référer, ou rarement, aux critères de cette littérarité. J'ai noté au passage les critères d'évaluation de ces critiques littéraires.

La captation de l'attention

Est mis tout d'abord en avant les capacités du texte à captiver : « Certains ouvrages sont si intenses, qu'ils vous happent entièrement et vous permettent de faire le vide autour de vous. Y compris dans le métro parisien. » ou encore, avec un peu plus de style : « Une œuvre fascinante emmenée par une prose hypnotique qui marquera les esprits. »

Le désir de surprise

Puis apparaît le désir de surprise : « Nous dévorons tellement de livres que nous n'attendons qu'une chose : qu'on nous surprenne ! » suivi de près par une demande consensuelle d'émotions : « Un livre puissant et subtil, douloureux et débordant d'émotions, porté par des personnages attachants et une très belle écriture. »

L'émotion à tout prix

Ce critère revient pratiquement dans chaque critique et s'applique à des ouvrages fort différents : « L'émotion que ce roman provoque, la poésie qui s'en dégage, le parfum de ces roses à huit pétales embaument jusqu'au cœur du livre. »

Quelques cadres de texte plus loin : « Une très belle écriture tour à tour crue ou délicate pour un texte touchant. Une fois l'épilogue atteint, vous serez saisi de frissons, et vous vous laisserez submerger par l'émotion. » Pas de critiques sur le savoir-faire de l'auteur mais une promesse d'émotions à toutes les pages !

Le caractère général des avis les rend réutilisables à de nombreux livres. L'art du compliment littéraire reste difficile, pensez bien, avec 600 romans parus en septembre au bas mot chaque année... Le cliché sévirait-il aussi dans la critique littéraire ? À croire que les lecteurs se moquent bien de l'art et de ses techniques pourvu qu'ils éprouvent du plaisir et que les magazines littéraires leur en promettent... Cette tendance n'a pas évolué durant la décennie qui vient de s'écouler, ni d'un magazine à l'autre.

Le diktat de l'émotion

Examinons d'un peu plus près cette demande d'émotions puisque les critiques nous la déclinent à toutes les sauces. La gamme d'émotions s'annonce forcément étendue vu la surenchère d'adjectifs dithyrambiques : « Grave, drôle, étrange, délicieux. » ou encore : « Grâce à une écriture épurée, sublime, un miracle : «l'émotion pure ». Bien malin celui qui parviendra à cerner la notion « d'émotion pure » ! Plus fort encore, celui qui nous expliquera « l'impureté des émotions » !

Pas de surprise, nous le savons maintenant que la littérature produit des effets sur l'esprit de son lecteur, ce qui suscite principalement le plaisir de lire. Poursuivons la lecture des louanges de ce numéro spécial... « Ce roman plaisir explore avec réussite les arcanes et les coulisses du pouvoir, les liens entre la religion et l'argent, et aborde brillamment les thèmes de l'amitié, de l'honneur et de la trahison. » Ah, on commence à s'intéresser enfin au savoir écrire de l'écrivain, à son intelligence et à sa réflexion sur un sujet.

« Ciselé avec précision, un petit bijou qui vous ravira. » ; « Un roman captivant, très documenté, d'une maîtrise exceptionnelle. » Puis arrive, comme un pavé dans la mare, la richesse de la lecture : « Autant de pistes de lecture pour un livre dont beaucoup de lecteurs ne soupçonnaient même pas l'existence. » Ah ? Hélas pas de proposition concrète. Le propos stagne aux portes de la littérature. Peu de critiques parlent réellement de cet art littéraire. C'est pourtant le saint Graal de l'auteur. Le constat s'impose de lui-même : la littérarité est d'abord un concept d'écrivain !

Ce n'est pas sans malice que j'imagine bien la tête de nos auteurs en formation si nous rédigions nos notes de lecture à la manière de ces critiques ! J'y penserai un jour de 1er avril. La vérité est que nous suons autant qu'eux pour les faire progresser !

Quelques avis sur la littérature de nos stagiaires

Le dépaysement imaginaire mémorable

« La littérature », c'est une histoire de fond, agréable à lire, qui me sorte de mon quotidien et me fasse voyager un peu, aller à la rencontre d'autres vies, d'autres époques, qui m'interpelle sur mes croyances et mes valeurs. Je suis très sensible aux choix de l'auteur en matière de construction de phrases, d'organisation et d'enchaînements des idées, de vocabulaire aussi. Par exemple, j'adore me jeter sur mon dictionnaire parce que je rencontre un mot que je ne connais pas (si, si ça m'arrive ! et je n'ai pas honte de l'avouer). Enfin, je crois qu'une œuvre "littéraire" laisse des traces sur moi, c'est-à-dire que je ne l'oublie pas. » Elsypt - France

Littérarité : un concept mou et insaisissable

« Une seule chose me paraît évidente : ce que vous appelez la littérarité (enfin, le peu que j'en ai compris) semble échapper à tout essai de définition rationnelle, complète et univoque. Contrairement aux concepts scientifiques (sciences dites "dures" ou "exactes"), elle se dérobe et se modifie subtilement. On pourrait en parler indéfiniment avec une multitude de nuances mal délimitées, la littérarité semblant principalement liée aux perceptions et aux états émotionnels de la personne qui en parle et la ressent. Cette espèce de concept mou et insaisissable pour moi qu'est la littérarité me fait penser (en physique) à ces particules mystérieuses qui ne semblent avoir d'existence matérielle qu'au moment où l'on tente de les observer. De là à affirmer qu'elles n'existent que parce qu'on les observe, il n'y a qu'un pas (que les théoriciens ont d'ailleurs franchi.) » Jean-Yves - France

Pratiquer la littérarité en atelier d'écriture

« Avec *L'esprit livre* nous cultivons la "Littérarité". Nous rendons nos écrits vivants (…). Je pense que chaque texte possède une dimension littéraire dans la mesure où il traduit l'association d'une histoire et d'un univers observé d'un œil, plus ou moins expert. » Thierry – France

La littérature crée un sentiment de plénitude et d'osmose avec le monde

« La littérature est un sujet si institutionnel, si sacré, si polémique, si "NRF" que je me suis demandé ce que je pouvais faire couler comme eau à un tel moulin. Et puis la beauté du mot est apparue à l'horizon, une beauté faite de vent, de lumière et d'impressions de force et de repos. Un rêve opalescent qui porte vers un bien-être. Un rêve où on peut laisser porter la voile. Un bonheur si profond que la compréhension du monde me touche au plexus. Et je me suis rappelé ces phrases ou ces textes dont la lecture me laissait submergé par une onde de parfaite entente avec ce qui m'entoure. C'est donc une rencontre de compréhension. Il y a peut-être même de la fusion là-dedans. » Marie – Maroc

La délicatesse d'effacer les traces de l'effort du créateur

« Il me semble que la réponse ne peut pas être la même suivant que l'on est un professionnel ou un "amateur", au sens noble du terme. Je ne peux m'empêcher de faire un parallèle avec la musique qui, elle, est mon métier. Grâce à l'intensité d'une pratique artistique, on devient plus sensible à ces "petits riens" qui font une œuvre. Bien sûr, le jugement est subjectif. Mais je ne suis pas si sûre qu'il n'y ait rien d'objectif. Le travail est réussi quand, justement, on ne perçoit plus le travail. Pour moi, qui suis une amatrice de littérature. Mon premier guide est le plaisir que me procure un texte. Il doit me nourrir littéralement. Avant tout, je suis sensible à la langue, sa musicalité, le rythme de ses phrases, la souplesse de leur construction, la beauté des mots choisis. » Marie-Françoise - France

La littérature : la fabrique d'émotions variées

« Un texte est littéraire pour moi, s'il provoque une émotion quelle qu'elle soit. Après il y a, entre autres, l'intensité des émotions engendrées qui distingue les textes littéraires entre eux. Par contraste un texte scientifique me laisse de glace. » Jocelyne - Québec

Sur la trace du savoir-faire d'un écrivain reconnu : Jacques Sadoul

« À la suite de la lecture du livre de Jacques Sadoul, *Anthologie de la lecture policière*, voilà ce que j'avais noté. Trois choses distinguent l'œuvre littéraire véritable :

1) L'écrivain sait insuffler une vie réelle à ses personnages. Ils acquièrent une existence propre.

2) L'écrivain est capable de faire dire aux mots et aux phrases plus qu'ils ne le peuvent habituellement : musique verbale qui porte le lecteur.

3) La lecture d'une œuvre littéraire ne laisse pas son lecteur, à l'instant où il referme le livre, dans l'état où il était lorsqu'il l'a ouvert. Le lecteur ressent une modification de son moi profond après avoir lu une œuvre littéraire, sa sensibilité a évolué.

Malgré tout ce que j'ai lu sur cette question, je ne me sens pas plus capable aujourd'hui de dire : ce texte est littéraire, celui-là ne l'est pas. L'art d'écrire consiste pour moi à rendre réel l'imaginaire avec des mots de tous les jours et des personnages que l'on pourrait croiser dans la rue. Et ça, on ne l'obtient pas en priant le saint patron des écrivains pour recevoir la Grâce ! On apprend à maîtriser son sujet, son histoire, son style. Seul ou avec de l'aide de formateurs entre autres, suivez mon regard… L'art de tricoter, avec des points et des motifs compliqués, un pull dont tout le monde louera la simplissime beauté originale, ajoutant, en l'enfilant : « Il me va comme un gant. » Christiane – France

Quelle formation imaginer pour apprendre à écrire de la littérature ?

Imaginer des formations d'écrivains est l'exercice de style auquel je me suis consacrée depuis 28 ans déjà. L'expérience m'a montré qu'avant de songer à mettre en œuvre des techniques, il s'agit d'aider une personnalité à se construire et à s'affirmer au fil de ses lectures et de ses textes. Ce n'est qu'ensuite qu'il est possible de l'inciter à s'exprimer de belle manière.

Ce qui pose d'emblée les conditions d'accès à de telles formations : suivre un atelier d'écriture, trouver quelque chose à dire de personnel, s'engager à suivre un cursus jusqu'au bout, se donner les moyens de réussir (temps, budget, disponibilité d'esprit). Sans parler de la création des contenus de formation et comment commencer ces apprentissages.

Quels parcours concevoir pour parvenir jusqu'à l'édition ? Nous avons observé des milliers de débutants et constaté que l'une des premières qualités d'un auteur est de savoir trouver de bons sujets, d'en délimiter les contours, de définir une manière de le traiter. Ensuite, à lui de trouver la manière de raconter cette histoire et de la rendre passionnante. À lui aussi de parvenir à s'exprimer pleinement. Rien d'évident : nous avons tous nos inhibitions, la crainte d'être jugé et un manque d'expérience : la vie nous conduit le plus souvent à nous contenir. Les ateliers d'écriture ont fourni de nombreuses solutions. Ce qui mérite que l'on s'y attarde un peu.

La création assistée en ateliers d'écriture

Quand on voit l'engouement des ateliers d'écriture depuis près 50 ans, il est évident que l'une des raisons de leurs succès est de fournir justement des sujets, des suggestions d'expression dans un cadre stimulant, des méthodes de rédaction. L'acte d'écrire, ainsi décomposé, garantit le succès de cette démarche. Ce qui crée de la motivation. La fréquence des ateliers apporte la constance nécessaire à une pratique régulière afin d'obtenir un volume de textes intéressant.

Cependant, dès que ces stimulations cessent, ces auteurs en devenir n'écrivent plus. Leurs désirs s'émoussent. Finalement ils ne trouvent plus le temps d'écrire, absorbés par d'autres loisirs. Ceux qui cumulent leurs textes rédigés dans l'élan de la spontanéité, portés par l'inspiration suscitée par ces consignes d'écriture, se rendent compte que finalement leurs écrits ne sont pas publiables en l'état. Ils n'ont pas eu le temps d'apprendre à travailler leur texte, c'est-à-dire le métier d'auteur. D'autres ne s'embarrassent pas d'exigences de qualité et s'autopublient sans limites ni contraintes... jusqu'à penser que l'apprentissage est superflu. Nous entendons parfois des déclarations qui nous font sourire : « Je ne veux pas devenir écrivain, je veux juste écrire un livre ! »

Les meilleurs ateliers d'écriture conduisent les auteurs à se trouver, à outrepasser cette étape de la création assistée en groupe. Aiguillonnés par une nécessité intérieure, ces auteurs finissent par trouver la source des sujets qui les animent profondément et donneront du sens à leur vie. Alors débute la métamorphose de l'écrivain...

Ce travail d'écriture requiert des refontes successives, d'ajuster les mots aux idées. Ces tâtonnements, ces séries de corrections constituent le cœur du métier. Même les plus grands procèdent ainsi. Chateaubriand a réécrit jusqu'à dix-neuf fois les pages de ses *Mémoires d'outre-tombe*. Ce n'était pas du tout parce qu'il ne savait pas écrire en français, ou qu'il était hésitant...

Bénéficiez de lectures critiques pour affûter son esprit pour passer de l'autosatisfaction à des satisfactions partagées

La complaisance et l'autosatisfaction empêchent la formation. Loin de jeter la pierre aux débutants éprouvant du plaisir après avoir fourni un effort important, il faut reconnaître que ces gratifications tuent le désir de progresser. Leurs écrits sont si chargés d'affects qu'il devient impossible d'y toucher. La prise de recul s'impose. À leur décharge, personne ne leur a appris à déceler dans un texte les erreurs. Ils ne se doutent même pas de ce qu'il faut améliorer. Ils ne comprennent absolument pas la nécessité de se former, puisqu'ils écrivent « naturellement ». Ils ont besoin d'un regard extérieur pour voir ce qui est réellement écrit et prendre la mesure de la potentialité de leurs écrits.

Par expérience, nous mesurons chaque jour avec nos stagiaires la longueur du chemin à parcourir pour passer de la lecture de leurs textes à la mise en œuvre de ces savoir-faire. Les corrections successives leur permettent d'assimiler ces procédés et de les appliquer ensuite de manière instinctive et systématique.

L'abandon progressif de ces complaisances les déstabilise. Aux premiers essais triomphants succèdent l'humilité et des prises de conscience salutaires. Ce n'est qu'ensuite qu'ils parviennent à se débarrasser de leurs mauvaises habitudes, à développer des exigences personnelles. Ils adoptent ainsi une disposition d'esprit prompte à accueillir de nouveaux savoir-faire.

Les conditions d'un accompagnement réussi

Il faut une bonne dose de complicité, d'empathie et de confiance pour transformer ce qui semblait ardu en étapes jubilatoires pour l'auteur en formation. Le formateur se débrouille pour faire en sorte que ses corrections deviennent de petites victoires sur lui-même. L'auteur maîtrise toujours plus sa pensée et organise un processus fictionnel exaltant. Ce type de guidance varie d'une personne à l'autre tant il est nécessaire d'assouplir des jugements, d'évacuer des anxiétés cumulées au fil des mauvaises expériences, d'aider à dépasser des complexes et des blocages, à construire une confiance en soi et une habileté à se servir des techniques d'écriture.

Cet accompagnement est celui de l'éditeur, d'un écrivain, d'un formateur spécialisé, d'un correcteur. Il faut en effet maîtriser soi-même la manière de s'exprimer pour déceler les carences du récit et suffisamment de psychologie pour ne pas décourager l'aspirant écrivain par l'ampleur de la tâche en adaptant ses propositions de modification aux besoins du texte. Autant dire que c'est un exercice délicat.

Les bêta-lecteurs présents sur de nombreux sites ne disposent pas de l'expérience d'un écrivain pour accompagner ces changements, insuffler la technique nécessaire au moment opportun ou guider l'auteur dans la réécriture de son texte. Leurs avis sont ceux de lecteurs, pas d'un expert. Ils n'aideront pas l'apprenti l'écrivain à progresser de manière significative. Il reste à accepter l'idée qu'un accompagnement professionnel ne peut pas être bénévole…

Pratiquer la critique littéraire pour s'entraîner à réécrire son texte

Cette nécessité de clairvoyance et d'analyse de ses propres textes exclut d'emblée les formations de type scolaires, soit des théories à appliquer avec en toile de fond un modèle idéal de la création littéraire à suivre… un paradoxe d'ailleurs ! La création est une aventure humaine et personne ne peut la prévoir, pas même le créateur.

Devenir écrivain, c'est apprendre à réécrire ses textes (et non pas seulement à bien écrire), sous le regard bienveillant d'un expert mais aussi en s'entraînant à la correction des textes d'autres auteurs. La critique d'œuvre littéraire enrichit l'univers du créateur, affine ses perceptions et attise la curiosité.

Les progrès s'obtiennent par tâtonnements, essais successifs, confrontations aux avis de lecteurs. Une formation de ce type produira pleinement ses effets si l'écrivain accompagnateur respecte l'œuvre à venir sans s'imposer pas son savoir-faire ou encore ses points de vue. Il procède par divers questionnements, suggestions et écoutes empathiques comme le préconise la maïeutique (l'accouchement des esprits selon Socrate). Son savoir-faire lui permet d'avoir une vision d'ensemble du livre dès ses prémisses. C'est ainsi qu'il oriente l'auteur en formation étape par étape en le plaçant à chaque fois en situation de choix : ses décisions contribuent à son affirmation personnelle.

Ce processus d'échanges d'avis de ses pairs et d'écrivains formateurs est au cœur de toutes les formations de *L'esprit livre school.* Cette dynamique d'apprentissage réduit significativement le temps d'apprentissage d'un auteur (de l'ordre de 10 à 15 ans pour un autodidacte).

Il est donc possible d'apprendre à écrire de la littérature en conjuguant la vocation, le développement personnel et un parcours de formation rigoureux.

Si vous désirez suivre une formation avec un écrivain...

Vous souhaitez écrire un livre et vous recherchez des avis de lecteurs et des conseils de pro, une formation d'écriture ? Comment allez-vous vous servir de ces conseils ? Cet article drolatique rédigé par un écrivain rompu à la formation d'auteur en ligne, va vous montrer à quel point il n'est pas si facile d'accepter la critique pour apprendre à écrire. Vous pourrez commencer à dessiner votre profil d'apprentissage...

Ayant eu à commenter des centaines et des centaines de textes amateurs, j'ai fini par établir différents profils d'écrivains en herbe. J'aimerais vous faire part de quelques-unes de leurs particularités récurrentes pouvant résonner chez chacun d'entre vous dans la mesure où vous pourriez vous y identifier.

Ce partage à visée ludique vous permettra peut-être de dresser l'autoportrait-robot de l'auteur que vous êtes ou aspirez à devenir. Voire d'attirer votre attention sur ce qui, dans votre façon d'être par rapport à l'écriture et à son apprentissage, pourrait être abordé plus efficacement. Bien entendu, l'exercice réclame à la fois un peu de recul et d'autodérision...

Cause toujours, *Je* m'intéresse

Ego affamé n'a pas d'oreilles

S'il ne s'agit pas, et heureusement, du cas le plus fréquent qu'il m'ait été donné de rencontrer dans le cadre d'une relation littéraire, celui de l'apprenant qui dit aussi souvent « non » que la poupée chère à Polnareff n'en est pas moins réel. Ah ! celui-là, il est épatant : il est plus que tout avide d'apprendre mais à la seule condition qu'on lui dise ce qu'il souhaite entendre. Quand il déclare « je vous écoute », il faut donc comprendre « je m'entends ». C'est un « cause toujours, *Je* m'intéresse » typique, tellement absorbé par le désir qu'on prenne avant tout son talent en compte qu'il en oublie de se remettre en cause.

Il ne faut pas confondre amputation littéraire et don d'organe

Je serais malhonnête d'affirmer m'être vu systématiquement opposé des « non » fermes et définitifs de la part de ces personnes, seulement il arrivait fréquemment qu'un « oui mais… » fasse écho à chacune de mes suggestions. Et croyez-moi, il n'y a rien de plus redoutable qu'un « oui mais » lorsqu'on essaie de relever un point à améliorer en s'appuyant sur une phrase d'un écrivain débutant. Elle devient aussitôt à ses yeux plus importante que le plus vital de ses organes. J'ai parfois eu l'impression qu'il m'aurait été davantage aisé de retirer un rein à un auteur qu'une virgule à son texte.

Donnez-moi votre avis pour que je l'échange contre le mien

Quand en réponse à une remarque bienveillante le « oui mais » se transforme à tous coups en « oui mais non », puis en « non » tout court, le moindre progrès devient impossible.

Certain(e)s n'effectuent la démarche d'être lu(e)s que pour recueillir les compliments qu'ils pensent mériter et reçoivent les conseils comme des attaques personnelles. Ces gens-là semblent n'avoir pas conscience d'une terrible évidence : quand on demande son avis à quelqu'un, il risque fort de vous le donner. Le problème étant qu'il est souvent différent de celui de la personne qui le sollicite.

Je crois avoir une meilleure idée

Le changement, c'est tout le temps !

Un souci rencontré assez régulièrement chez certains apprentis écrivains : avoir une nouvelle idée chaque fois qu'on leur soumet une piste de travail. Pas le prolongement de l'idée précédente, non ; cette dernière n'existe plus. C'en est une autre, qui peut radicalement changer les enjeux de l'histoire, en contredire le sens premier, bref, amener le récit tout à fait autre part. J'ai appris à redouter le moment où un stagiaire me disait : « Au fait, depuis vos dernières corrections, je crois avoir eu une meilleure idée ! ». Ce n'est jamais drôle de devoir doucher pareil enthousiasme.

La phrase qui reste à écrire possède toutes les qualités

Comprenez-moi bien : la venue d'idées neuves est une chose excellente. L'essence d'un écrivain est en partie constituée de sa capacité à se réinventer – tout en conservant sa patte. Il faut cependant se méfier des vertus de la nouveauté rendant moins séduisante – de façon trompeuse – une « ancienne » idée. Car l'attrait qu'on éprouve n'est pas obligatoirement dû au caractère supérieur de la nouvelle idée, mais à son potentiel, quand celui de l'idée précédente a déjà été exploité. On pense que ce qu'on n'a pas encore écrit sera meilleur que ce qui l'a déjà été, car en littérature ce qui n'existe pas ne possède aucun défaut.

Et si la première idée était la bonne ?

Il n'est donc pas rare que confrontée à la réalité du passage à l'écriture, la meilleure idée se révèle ne pas l'être tant que ça. Mon conseil aux apprenants se livrant à un chamboule-tout textuel pouvait consister en une série de questions : est-ce que c'est ce que vous aviez en tête en commençant votre histoire ? Est-ce que c'est ce qui vous a motivé à en entreprendre l'écriture ? Ce qui vous a donné l'énergie de vous y mettre ? Non ? Alors ne serait-il pas plus judicieux de conserver cette « meilleure » idée pour pleinement l'exposer et en tirer toute la quintessence dans une autre nouvelle ?

Parvenu à un certain stade de l'élaboration d'un récit, une idée aussi bonne soit-elle a peu de chance de prendre le pas de façon efficiente sur l'idée de base, car c'est cette dernière qui aura créé son propre élan, déterminé le ton de l'histoire et amorcé ses ressorts. Aussi changer d'idée en cours de route n'est tout simplement pas, sauf exception... une bonne idée.

Ne soyez pas un Petit Poucet sans cailloux

Quand se perdre est un mauvais plan

Je vais à présent évoquer le cas plutôt répandu du stagiaire réfractaire au plan, persuadé qu'organiser sa pensée briderait sa créativité, ce qui paraît pour le moins cocasse. Il cherche par tous les moyens à contourner les règles élémentaires de la construction du récit – et surtout les efforts indispensables que cela représente – pour s'aventurer au petit bonheur la chance là où son inspiration du moment veut bien le guider. C'est uniquement hors de ce

« carcan » que selon lui il pourrait donner toute l'étendue de sa dimension artistique...

Rire d'une idée reçue à s'en décrocher la mâchoire

De nombreux débutants vivent dans cette aimable illusion d'une histoire se déroulant sans faille au fur et à mesure qu'on l'improvise. Mais à vouloir n'écrire qu'au fil de la plume, on finit par en perdre. Si se faire plaisir doit être au prix d'incessants rafistolages narratifs pour au final ne rien proposer de mieux qu'un texte sentant la colle à rustine à plein nez, on voit vite quel maigre bénéfice on en retire. À force de piétiner, la plupart des écrivains en herbe finissent par revenir de cette croyance qui prête au plan des mâchoires castratrices.

Pas de texte, ni de créativité sans structure

On n'abandonne ni son style ni son originalité en structurant son texte du début à la fin. Au contraire, ils seront d'autant plus mis en valeur que l'attention du lecteur ne sera pas parasitée par les défauts de construction et les incohérences. Quant à ceux estimant que ne sachant où ils vont ils ne risquent pas de se perdre, je ne peux que leur donner raison : on ne se trompe en effet jamais de direction quand on tourne en rond...

Comment écrire un livre quand on est un auteur pressé ?

Faire l'impasse sur la formation, au motif que « c'est trop long » conduit souvent à des culs-de-sac littéraires. Ceux qui font l'effort de suivre ces formations sont eux aussi soumis à la tentation de couper court. Si la vitesse ne rime pas avec efficacité, d'autres tentations sont de nature à tourmenter bien des auteurs en devenir comme l'idolâtrie ou encore l'insatisfaction chronique.

Poursuivons l'exploration des différentes facettes de celles et ceux qui un jour ou l'autre garniront peut-être les rayons des librairies. Ils ont plus de doutes que de défauts, se demandent si dix kilos d'adverbes sont plus lourds que dix kilos d'adjectifs, sont en apnée quand un de leurs lecteurs ne leur a pas confirmé que le troisième paragraphe de l'introduction prenait sa véritable dimension à la fin du deuxième chapitre…

Tout le monde tirera profit de ce qui ne lui est pas encore arrivé, ou de se souviendra de ce qui un temps l'a empêché d'exploiter son talent. Bref, (re)découvrons qui nous avons été et ce que les autres sont afin de comprendre quel écrivain nous sommes ou allons devenir !

Le lièvre et la torture

Je vais parler du stagiaire (l'auteur en formation) voulant filer comme un lièvre vers la conclusion d'une nouvelle dont chaque halte le séparant de la fin est une torture. Des personnes extérieures à l'acte d'écrire se moqueront volontiers de ces trépignements d'auteur, sans comprendre que le futur d'un texte est le fruit d'attentes passées qui trouveront – enfin – leur raison d'être une fois la ligne d'arrivée franchie. Nous qui écrivons sommes tendus vers cet unique but sitôt les premiers mots alignés. Plus que de simples phrases, ce sont autant de promesses qu'on se fait à soi-même, celles qui nous motivent pour raconter une histoire de la meilleure des façons.

Prendre le temps de découvrir son écriture dans le regard de l'autre

Vouloir finir avant d'avoir commencé traduit l'impatience légitime de qui, l'acquisition des ficelles du métier aidant, réussit à donner un sens nouveau à son écriture. Ce qui n'était qu'un loisir à un stade quasi larvaire devient par une approche professionnelle le prolongement structuré de sa pensée. Dès lors, le désir d'écrire ne correspond plus seulement à l'envie de coucher des idées sur le papier mais aussi à celui de voir si elles plairont une fois mises en forme. Et de savoir au plus vite à travers elles si ce qui sommeillait en nous éveillera quelque chose chez l'autre. Et quoi.

Ne vous précipitez pas, personne ne vous attend

Il est rare qu'écrire soit une fin en soi, comme il est rare de marcher sans destination. On veut tous aller le plus rapidement possible, quitte à brûler des étapes. Quitte à oublier où on voulait aller et à qui l'on souhaitait s'adresser. C'est en forçant le pas qu'on trébuche et en trouvant un bon rythme qu'on progresse. Ce siècle réclame qu'on soit pressé, pas hâtif, ou alors selon le précepte de Boileau qui donna sûrement aux écrivains l'un des meilleurs conseils qui soient. En les incitant à se hâter lentement, il les protège de bien des efforts inutiles. C'est en se forgeant une carapace de tranquillité qu'on est certain d'atteindre son objectif, monsieur de La Fontaine l'avait aussi bien saisi !

Il n'y en a pas Dieu comme lui

Cet Auteur et pas un autre

J'ai connu des stagiaires qui ne juraient que par *un* romancier. Le phare éclairant leur nuit littéraire, le mètre étalon seul capable de mesurer la grandeur de leur pensée, leur Dieu pour ainsi dire. Il n'y avait rien au-dessus, et certainement pas moi. Passant sous cette redoutable toise, la portée du moindre de mes conseils rapetissait inexorablement. Que faire ? Un amoureux éconduit ne trouve jamais une oreille attentive quand il tente de dénigrer le parfait amant qu'est son rival. Lorsqu'un apprenant n'a qu'un écrivain à la bouche, on comprend vite que l'assez cité rend aveugle.

J'admire, donc je suis

On a parfois du mal à comprendre l'admiration d'une personne pour un écrivain qui ne nous touche nullement. Mais le goût de chacun est d'autant plus respectable qu'il ne correspond pas au nôtre. Un auteur débutant qui vient vers vous en brandissant le nom d'un auteur confirmé s'en sert autant d'arme que de bouclier. C'est souvent ce qui lui a permis de se jeter dans la mêlée, d'affronter sa peur des coups qu'il redoutait d'encaisser. S'être reconnu chez un autre ne signifie pas qu'on est incapable d'acquérir son indépendance littéraire. À condition toutefois que de moteur l'écrivain encensé ne devienne pas un frein.

On ne connaît que ce que l'on préfère, et inversement

Il faut donc se méfier du caractère exclusif de la « relation » qu'on peut entretenir vis-à-vis d'un écrivain. Poussée à l'extrême, elle empêche de s'ouvrir à ceux étant en capacité d'enrichir notre écriture. Il est normal de ressentir un profond attachement pour l'œuvre d'un romancier, jusqu'à idéaliser sa personne. Celui à qui on a décidé de décerner le titre honorifique d'écrivain préféré ne saurait être égalé en rien par des scribouillards auxquels on ne daigne pas accorder un seul regard. Et en l'occurrence, une seule lecture. À voir : aduler, c'est bien, comparer, c'est mieux.

Ah ! ça ira, ça ira, ça ira… ou pas

Le Che Guevara de la littérature

Il est clair qu'il a envie de parfaire son écriture, mais rien de ce qui lui est proposé ne lui convient tout à fait. Il arrive que la méthode de travail le barbe. Les retours sur ses textes le laissent insatisfait, voire l'insupportent. Il va vous apprendre votre métier en deux coups de plume à encrier, si ça continue. « Il » ? Le stagiaire qui a entrepris de révolutionner la littérature, rien de moins. Si j'écris ceci avec une légère pointe d'ironie, il s'y mêle un soupçon de tendresse par égard pour ces personnes dont la sincérité n'est pas à mettre en cause dans leur volonté d'apporter quelque chose de neuf à notre art.

Je veux être Pérec, sinon rien

Ils voient loin, ces Che Guevara de la littérature, et s'agacent parfois de ce que la langue française se révèle insuffisante à leurs yeux pour exprimer tout ce qu'ils ont à dire et surtout pour l'écrire différemment. Car c'est là leur credo : ne pas être comme tout le monde. Ils attendent qu'on leur fournisse les outils non pas pour façonner leur style, mais pour en inventer un. La littérarité n'est pas forcément leur objectif, pourvu qu'ils parviennent à écrire du jamais lu. Se rêvant d'être le nouveau Pérec, c'est hélas la plupart du temps leurs illusions qui finissent par faire l'objet d'une disparition…

Des difficultés plurielles d'être singulier

Quand on emprunte la voie littéraire en ambitionnant d'en redéfinir tous les contours, on se heurte rapidement à la réalité de ce qui a déjà été écrit et qui couvre tous les genres, tous les thèmes, tous les styles. Tout. On ne peut vivre éternellement à l'ombre de cette chimère qui voudrait qu'en littérature il reste quelque chose à créer de toutes pièces. Du moins, pas sans pâtir du côté inhibant que cette idée recèle. Bien sûr, il est au départ enthousiasmant d'imaginer que ce qui jaillira de notre esprit fera date dans l'Histoire des livres par son originalité inégalée. Mais la singularité affranchie de toutes les règles n'existe pas, ou alors, on m'aurait menti…

Bibliographie et références multimédias

Yves lavandier

Grand spécialiste de la dramaturgie, ses livres et conférences sont particulièrement accessibles. L'auteur aborde les techniques les plus ardues de manière simple. Il a su regrouper les meilleurs techniques en respectant l'apport des plus grands rhéteurs, comme Aristote. Son immense culture stimule l'imaginaire et donne à l'évidence l'envie de découvrir la dramaturgie.

Présentation d'Yves Lavandier – la persévérance de l'écrivain – la dramaturgie pour les romanciers – la peur de la perte de la spontanéité – la peur du formatage –

https://www.youtube.com/watch?v=XJlWMVwxXa8

Qu'est-ce qu'une bonne histoire ? Une notion fondamentale : le conflit dynamique.

https://www.youtube.com/watch?v=QUT9XBhvHaI&t=9s

Comment raconter une histoire ?

https://www.youtube.com/watch?v=xyvsUoP3gpw&t=5s

Construire le récit, Yves Lavandier,

Éditions le clown et l'enfant

Vous avez des histoires dans la tête et vous souhaitez les mettre en forme ? Vous voulez transmettre votre univers tout en captivant des spectateurs ? Vous admettez que le génie et l'inspiration ont besoin d'être guidés. Alors, cet ouvrage est pour vous.

Yves Lavandier y propose une méthode claire et complète qui découle à la fois de la compréhension des mécanismes narratifs et de son expérience d'auteur, pédagogue et script doctor. Les exemples sont puisés majoritairement dans le répertoire dramatique : théâtre, cinéma, télévision et bande dessinée.

http://www.clown-enfant.com/leclown/ConstruireUnRecit.htm

Lire la nouvelle, Daniel Grojnowski, Ed. Armand Colin

La nouvelle, en France, a encore du mal à intéresser un grand public. Ces usages populaires de la nouvelle éclairent un genre polymorphe qui emprunte toutes sortes de registres : de la chronique aux récits poétiques ou spéculatifs, de l'humour ou fantastique. Cet ouvrage étudie tour à tour son histoire, ses théorisations, son esthétique, pour élaborer une poétique de la nouvelle. Daniel GROJNOWSKI, professeur à l'université de Paris-VII, où il enseigne la littérature française du XIXe siècle, il est l'auteur d'un recueil de nouvelles.

https://www.amazon.fr/Lire-nouvelle-Daniel-Grojnowski/dp/2200343043/

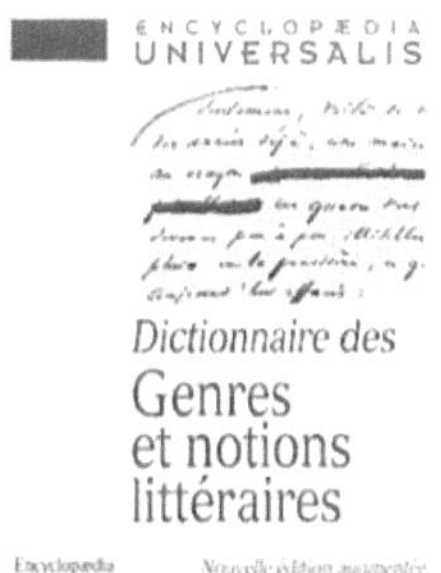

Genre et notions littéraires, Encyclopédie Universalis

De abyme (mise en) à zeugme, en passant par Brunetière (Ferdinand), description, expressionnisme, hyperfection, parodie, roman picaresque, science-fiction, traduction, plus de 270 articles analysent l'ensemble des genres auxquels se rattache et des notions qui sous-tendent le phénomène littéraire sous ses différentes formes, tant orales qu'écrites. Cette deuxième édition comporte 16 articles nouveaux et 56 pages de plus que la première.

https://www.amazon.fr/Dictionnaire-notions-litt%C3%A9raires-Francois-Nourissier/dp/2226122362

La nouvelle, hier et aujourd'hui,

Ed. L'harmattan

Provenant d'horizons socioculturels divers, universitaires, chercheurs et nouvellistes proposent leurs vues sur la poétique et la dynamique de la nouvelle d'expression française, sur des textes brefs donnés, ou sur des nouvellistes et des écrivains et leurs optiques d'écriture de la brièveté dans le cadre de leur création littéraire générale. Cette recherche s'intéresse à la nouvelle au XIXè siècle puis à la production moderne et contemporaine

Outre ces articles des meilleurs spécialistes de la nouvelle, on y retrouve René Godenne, considéré comme « le pape de la nouvelle »

https://www.editions-harmattan.fr/index.asp?navig=catalogue&obj=livre&no=822

René Godenne

Lire à ce sujet ce billet sur le blog de L'esprit livre : **René Godenne historien de la nouvelle et pape du short**

https://blog.esprit-livre.com/blogospheres/rene-godenne-historien-de-la-nouvelle-et-pape-du-short-18-06-2018

Savoir rédiger - Les indispensables Larousse

Des fiches pratiques synthétiques, utiles pour ceux qui ne pratiquent pas l'écrit régulièrement ou ont oublié les règles de base.

Des Règles de base d'expression pour être lu et compris ; pour adapter son texte au destinataire.

Des conseils pour rédiger, pour éviter les erreurs d'expression, les répétitions.

https://www.amazon.fr/Savoir-r%C3%A9diger-indispensables-Larousse-Collectif/dp/2035925177/

Le gradus des procédés littéraires, dictionnaire Bernard Dupriez Ed. 10/18

Ce volume contient 1200 définitions, 1500 remarques, 3000 citations d'auteur, 4000 références. C'est le plus complet des dictionnaires de poétique et de rhétorique. On y trouvera les figures traditionnelles, définies sur des échantillons de textes modernes et des procédés d'écriture plus récents, surréels ou comiques.

https://www.amazon.fr/Gradus-litt%C3%A9raires-Dictionnaire-Bernard-Dupriez/dp/2264037091

Le travail du style littéraire ; Louis Timbal-Duclaux, Ed. Écrire aujourd'hui

Dans cet ouvrage, Louis Timbal-Duclaux nous propose notamment : De la lisibilité au style : choix des mots, tournures des phrases, recherche du style, techniques de lisibilité, figures de style, cadence, ton, présence, grain, etc. Techniques de base de la scène romanesque : narration, description, dialogue, portraits, etc. Un ouvrage absolument indispensable à tous ceux qui désirent acquérir, quel que soit leur genre d'élection (roman, essai, nouvelle etc.), des techniques pour ajouter de la beauté à leurs textes.

https://www.amazon.fr/travail-style-litt%C3%A9raire-sc%C3%A9nario-manuscrit-ebook/dp/B074C9QWLP/

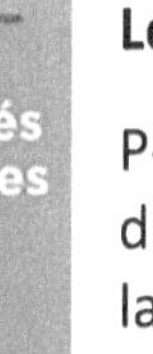

Les procédés littéraires - De allégorie à zeugme

Pour être plus précis, il s'agit des principales figures de style. La présentation et les explications facilitent la compréhension et l'assimilation

Anacoluthe, antiphrase, chiasme, incipit, registre épique, litote, oxymore, prosopopée... Cet ouvrage analyse en 69 fiches les principaux procédés littéraires propres à la rhétorique, au registre littéraire ou à la poétique du récit. Chaque fiche présente, de manière claire et mémorisable, l'histoire, l'évolution et les emplois littéraires du procédé.

https://www.amazon.fr/proc%C3%A9d%C3%A9s-litt%C3%A9raires-all%C3%A9gorie-%C3%A0-zeugme/dp/2200619944/

Question de style, Manuel d'écriture, Dane Cuypers, Ed. CFPJ

Ce guide traite de ce qui vient en plus, de la "plume", de la "patte", de l'écriture tout court, qu'elle soit journalistique ou littéraire, qu'elle s'attache à restituer le réel ou à le transcender par l'imaginaire.

C'est un manuel de l'usage des mots, matière première pour mettre en scène la vie et les sensations.

https://www.amazon.fr/Question-style-d%C3%A9criture-Dane-Cuypers/dp/2353070388/

Le code typographique de l'imprimerie nationale

Pour ne pas perdre le nord (minuscule en général, majuscule quand il s'agit de la région d'un pays) ; pour ne pas donner du mister (Mr) à monsieur (M.) ni de trait d'union à saint Jacques, sauf quand c'est le nom d'une église (Saint-Jacques-de-Compostelle); pour distinguer le Premier ministre du président de la République, même si l'un rêve toujours d'être l'autre ; pour laisser leur minuscule au roi et à l'empereur sauf en cas de mégalomanie (Napoléon) ; pour ne pas écrire 1ère mais 1re ; pour conserver l'accent sur les capitales, donc la lisibilité d'un texte en dépit de toutes les paresses et de toutes les pressions numériques... bref, pour ne pas se perdre, un seul fil d'Ariane, le Lexique des règles typographiques. C'est la bible de tous les académiciens quand ils rédigent le Dictionnaire, la règle du jeu de la langue française. Le jeu en vaut la chandelle.

https://www.amazon.fr/Lexique-r%C3%A8gles-typographiques-lImprimerie-nationale/dp/2743304820